BEI GRIN MACHT SICH IHR WISSEN BEZAHLT

- Wir veröffentlichen Ihre Hausarbeit,
  Bachelor- und Masterarbeit

- Ihr eigenes eBook und Buch -
  weltweit in allen wichtigen Shops

- Verdienen Sie an jedem Verkauf

Jetzt bei www.GRIN.com hochladen und kostenlos publizieren

Gabriele Hellenthal

Lebensqualität im Alter

Gewichtung subjektiver und objektiver Aspekte

GRIN Verlag

Bibliografische Information der Deutschen Nationalbibliothek:

Die Deutsche Bibliothek verzeichnet diese Publikation in der Deutschen National-
bibliografie; detaillierte bibliografische Daten sind im Internet über http://dnb.d-
nb.de/ abrufbar.

Impressum:

Copyright © 2014 GRIN Verlag GmbH
Druck und Bindung: Books on Demand GmbH, Norderstedt Germany
ISBN: 978-3-656-69714-5

Dieses Buch bei GRIN:

http://www.grin.com/de/e-book/275241/lebensqualitaet-im-alter

GRIN - Your knowledge has value

Der GRIN Verlag publiziert seit 1998 wissenschaftliche Arbeiten von Studenten, Hochschullehrern und anderen Akademikern als eBook und gedrucktes Buch. Die Verlagswebsite www.grin.com ist die ideale Plattform zur Veröffentlichung von Hausarbeiten, Abschlussarbeiten, wissenschaftlichen Aufsätzen, Dissertationen und Fachbüchern.

Besuchen Sie uns im Internet:

http://www.grin.com/

http://www.facebook.com/grincom

http://www.twitter.com/grin_com

Universität Bremen

Lebensqualität im Alter- Summe der Fähigkeiten?

Eine empirische Arbeit

Fachbereich 11: Human- und Gesundheitswissenschaften
Studiengang Psychologie

Bachelorarbeit

zur Erlangung des akademischen Grades
Bachelor of Science

vorgelegt von

Gabriele Hellenthal

14. Mai 2014

Danksagungen

Die Grundlage für die vorliegende Arbeit wurde während eines Praktikums an der Jacobs Universität gelegt.

Ich danke besonders *Claudia Niemann* (Doktorandin, Jacobs Center on Lifelong Learning, Jacobs Universität Bremen). Ohne die Daten ihrer *Seniorentanz-Studie* und die Gespräche während des Praktikums, hätte es diese Arbeit nicht gegeben.

Ein ganz besonderer Dank gebührt meinem Mann *Enno Hollmann*. Ohne ihn und seinen Glauben an meine Fähigkeiten, hätte ich mir keine Gedanken über Danksagungen machen müssen, weil es dieses Studium für mich nicht gegeben hätte.

Inhaltsverzeichnis

Abbildungsverzeichnis

Tabellenverzeichnis

1 Einleitung

„Das Alter ist jung",

so Baltes (1996, S. 35). Historisch gesehen ist das Alter erst ein Thema des 20. Jahrhunderts. Noch nie war die Lebenserwartung so hoch wie heute. Neugeborene Mädchen haben eine Lebenserwartung von 82,4 Jahren, 80jährige Frauen dürfen auf ein durchschnittliches Alter von 88,97 Jahren hoffen. Das bedeutet, dass heutzutage nach dem Ausscheiden aus dem Erwerbsleben noch viele Jahre folgen, die vergleichsweise frei gestaltet werden können, so eine Feststellung in der 6. Altersstudie (Bundestag, 2010, S. 22).

Einhergehend damit verändern sich die Bedürfnisse der über 65jährigen. Der qualitative Aspekt gewinnt an Bedeutung. Es geht unter anderem um die Erhaltung von *Lebensqualität*. Was bedeutet aber Lebensqualität? Bowling (2007, S. 296) versucht darauf eine Antwort zu geben, die sie aus Interviews mit 337 über 65jährigen extrahiert hat: physische Gesundheit (43 %), Freizeit- und soziale Aktivitäten (34%), geistige Leistungsfähigkeit (18%) und soziale Beziehungen und Kontakte (15 %).

Die Sicht der Gesellschaft auf ältere Mitmenschen zeigt sich in ihren *Altersbildern*, deren Bedeutung in der Studie der Bundesregierung hervorgehoben wird. Diese *Bilder vom Alter* schaffen eine Realität, an der sich die Gesellschaft orientiert, die sagt, was Alter ist und wie sich alte Menschen zu verhalten haben.

Diese Altersbilder werden der Variabilität des Alterserlebens und der Fähigkeiten im Alter vielfach nicht gerecht. Kein anderer Lebensabschnitt ist als so heterogen zu betrachten. So weisen Staudinger und Schindler (in Schlag, Bernhard & Megel (Hrsg.), 2002, S. 67) darauf hin, dass schon die jungen Alten über ein breites Erlebens-Spektrum bezogen auf das Altern verfügen: vom *aktiven*, über das *kontemplative*, bis hin zum *unzufriedenen* Altern.

Baltes (1996, S. 34) gibt zu bedenken, dass das Altersbild in Deutschland im Kontrast zum „Jugendwahn", eher negativ gefärbt und zu wenig differenziert sei.

Was geschieht, wenn die gesellschaftliche Einordnungen in von Defiziten bestimmte Kategorien erfolgt? Die Möglichkeiten, die eigenen Stärken, Bedürfnisse und Wünsche im Alter auszuleben, werden dadurch erschwert, da sich die Angebote eventuell nur an *vermeintlichen* Bedürfnissen orientieren. Unsere Gesellschaft wird älter, die Älteren heutzutage gesünder. Sie besitzen einen höheren Bildungsstand. Daraus resultieren andere Bedürfnisse (siehe oben: Bowling, 2007, S. 296) als noch vor Jahren. Wie hat sich das auf die gesellschaftlichen Altersbilder bis heute ausgewirkt?

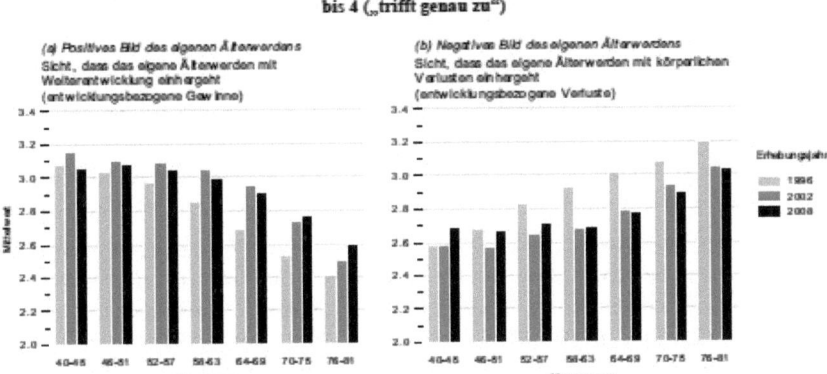

Abbildung 1.1: Sozialer Wandel in den eigenen Altersbildern (Bundestag, 2010, S. 497)

Aus Abbildung 1.1 sind zwei Trends zu erkennen. Der erste ist, dass über die drei Erhebungswellen 1996, 2002, 2008 im linken Schaubild eine Tendenz hin zu einem positiveren Bild des eigenen Älterwerdens zu sehen ist. Es muss allerdings unterschieden werden zwischen den befragten Altersklassen. Für einen 40jährigen liegt das Alter noch in der Zukunft, während ein 70jähriger mittendrin steht. Ein 60jähriger der ersten Befragung 1996 (heller Balken) befindet sich 2008 beispielsweise in der Gruppe der 76- 81jährigen wieder (dunkler Balken). Er scheint also im Mittel das Alter als 76jähriger positiver zu bewerten als ein 76jähriger 1996. Hier zeigt sich allerdings auch der zweite Trend, dass das wirkliche Erleben des Alters doch zu einer stärkeren Wirkung des Alters selbst führt und somit das Altersbild negativer ausfällt als die in jüngeren Jahren gemachte Prognose. Die Tendenz ist seit 1996 leicht ansteigend. Das rechte Schaubild zeigt ein vergleichbares Ergebnis mit entgegengesetzter Polung. Über die Zeit ist dennoch ein Wandel hin zu einem positiveren Altersbild zu erkennen.

Aus der Bewertung des Alters heraus stellt sich die Frage, ob diese Einschätzung auf realen, manifesten Werten beruht, wie zum Beispiel dem Abbau der kognitiven Leistungsfähigkeit, dem Nachlassen der motorischen Fähigkeiten oder ob andere Modalitäten die Lebensqualität beeinflussen.

So könnten beispielsweise die beschriebenen allgemeinen Altersbilder das persönliche Altersbild färben, implizit auf das Verhalten wirken und dieses, weitgehend unabhängig von Messwerten, beeinflussen. Oder färbt die eigene Persönlichkeitsstruktur die Sichtweise? Wo ist der Ansatzpunkt, um die Lebenszufriedenheit im Alter zu erhöhen?

In bisherigen Studien gab es hauptsächlich den Blickwinkel auf den positiven Einfluss sozialer Kontakte und körperlicher Aktivität (Cooper, Okumara & Gurka, 1991; Herero & Extremera, 2010; Voelker-Rehage, Godde & Staudinger, 2006).

Welchen Einfluss hat aber die Persönlichkeit auf die Ausrichtung der eigenen Sicht aufs Alter? Gibt es einen Zusammenhang zwischen dem eigenen Altersbild und der Lebenszufriedenheit? Im Folgenden sollen Hypothesen geprüft werden. Weitergehend werden daraus statistische Beziehungen in einem linearen Strukturgleichungsmodell theoriegeleitet sinnvoll verknüpft und dargestellt.

Grundlage dieser Arbeit sind die Erhebungsdaten des Projektes *Seniorentanz* vom *Jacobs Center on Lifelong Learning and Institutional Development* (2013). $N = 91$ Probandinnen im Alter von durchschnittlich 73,5 Jahren (*SD* 5.33) wurden in unterschiedlichen Settings getestet (siehe Kapitel 3.2).

Wegen der besonders bei *kausalen Modellen* wichtigen theoretischen Untermauerung soll zuerst der theoretische Hintergrund der zentralen Begrifflichkeiten beleuchtet werden, bevor die Erhebungsinstrumente der einzelnen Variablen beschrieben werden. Daraus erarbeiten sich die Hypothesen, die im Folgenden in ein Modell eingebaut werden.

Diese Arbeit soll einen Überblick über das komplexe Zusammenspiel der subjektiven und objektiven Faktoren der *Lebensqualität im Alter* geben im Zusammenspiel mit dem *persönlichen Altersbild*.

2 Theoretischer Hintergrund

Um sich dem Konstrukt von *Lebensqualität* und dem *persönlichen Altersbild* zu nähern, sollen die zentralen Begrifflichkeiten dieser Arbeit und der Stand der Forschung in diesem Kapitel erläutert werden. Da es sich um eine komplexe Thematik handelt, werden verschiedene Theorien und Sichtweisen dargestellt. Dabei soll die Heterogenität des Alterserlebens verdeutlicht werden.

2.1 Definition von Alter

Im Folgenden wird sich auf das *chronologische* und *soziale* Altern bezogen. Chronologisch insofern, als dass eine bestimmte Gruppe von Menschen betrachtet wird, die zwischen 65 und 85 Jahre alt ist. Soziales Altern bedeutet in diesem Zusammenhang, dass im Vergleich zu jungen Menschen ein Rollen- und Positionswechsel stattgefunden hat. Alle Teilnehmerinnen der „Seniorentanz"-Studie waren zum Testungszeitpunkt nicht mehr erwerbstätig.

Da es nicht „das Altern" gibt, sondern eine sehr individuelle Art des Alterns, eine hohe querschnittliche Variabilität, erscheint es auch sinnvoll, die betrachtete Lebensaltersspanne in sinnvolle Abschnitte zu unterteilen. Es würde schließlich auch keinen Sinn machen, die Spanne von 10 - 30 Jahren als einheitliche Kategorie zu betrachten in Bezug auf Leistungsfähigkeit, Wünsche und Bedürfnisse. Angelehnt an Staudinger und Schindler (in Schlag et al. (Hrsg.), 2002, S. 69) kann sinnvollerweise von den jungen Alten (60- 70 Jahre), den mittleren Alten (70- 85 Jahre) und den Hochaltrigen (>85 Jahre) gesprochen werden. Diese Studie bedient sich aus methodischen Überlegungen dieser leicht modifizierten Einteilung.

2.2 Lebensqualität im Alter

Der komplexe Begriff *Lebensqualität* lässt sich nicht eindeutig über einen Indikator beschreiben. Er muss als Konstrukt latenter Variablen verstanden werden und lässt sich laut Rietz und Rudinger (2000, S. 28) am ehesten zerlegen in *subjektive* und *objektive* Aspekte.

Dieses Konstrukt wird im Weiteren Grundlage für die Betrachtung qualitativen Alterns sein.

4

Anhand der Studiendaten soll zum einen geprüft werden, ob das Modell bestätigt werden kann und zum anderen sollen die Beziehungen und Gewichtungen (Bedeutsamkeit) untersucht werden, die sie auf das individuelle Altersbild haben.

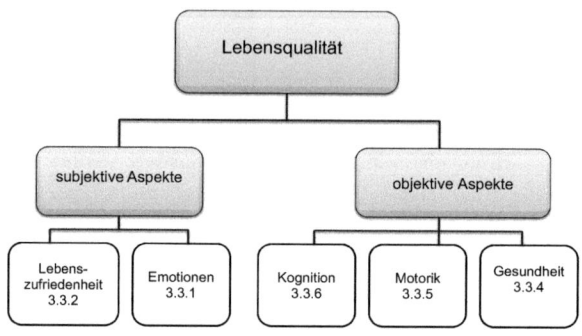

Abbildung 2.1: *Lebensqualität* als Konstrukt (nach Rietz & Rudinger, 2000, S. 28)

Die *subjektiven Aspekte* untergliedern sich noch einmal in *kognitive* und *emotionale* Komponenten (Abb. 2.1). Hierbei geht es um die gefühlte Lebenszufriedenheit und um wahrgenommene Emotionen. Es kann eine Person mit gesundheitlichen Einschränkungen durchaus eine hohe Lebenszufriedenheit empfinden, bedenkt man, dass mit zunehmendem Alter verstärkt Kompensationsstrategien genutzt werden, um den Effekt des „trotzdem" zu erreichen (Baltes, Lindenberger & Staudinger, 1998, S. 643; Brandstädter & Greve, 1994, S. 57), wie in Kapitel 3.3.3 beschrieben. Die *objektiven Aspekte* unterteilen sich in kognitive und motorische Leistungsfähigkeit und den ärztlich beurteilten Gesundheitszustand nach Rietz und Rudinger (2000). Zur *kognitiven* Leistungsfähigkeit gehören unter anderem Wissen, Gedächtnis und Geschwindigkeit der Informationsverarbeitung, zur *Motorik* Fertigkeiten wie Balancieren, Schnelligkeit, Ausdauer. Um die latente Variable *Lebensqualität* in dieser Studie zu beschreiben, wurde der Punkt *ärztlich beurteilter Gesundheitszustand* insofern modifiziert, als das ein definierter Mindestgesundheitszustand überhaupt Voraussetzung für eine Teilnahme war, belegt durch ein unbedenkliches EKG. Zusätzlich wurde über eine Selbstauskunft der jetzige Zustand erfragt und über die Anzahl der derzeitigen chronischen Krankheiten bewertet.
Auf die beschriebenen Komponenten haben auch andere Faktoren Einfluss, wie beispielsweise

Einkommen, Beziehungen, Gesundheitsversorgung. Dies soll in vorliegender Arbeit nur am Rande thematisiert werden.

Die Zeit des Alters beinhaltet in einem höheren Maße Verluste und Einschränkungen im persönlichen, kognitiven und motorischen Bereich als das junge oder mittlere Erwachsenenalter (Voelcker-Rehage et al., 2006, S. 558-559). Würde man hier eine Prognose stellen wollen, so könnte man annehmen, dass die Lebenszufriedenheit über die Zeit abnehmen würde und negative Emotionen überwiegen oder zumindest im längsschnittlichen Vergleich zunehmen, da es zu einer steigenden Ist-Soll-Diskrepanz kommt zwischen Fähigkeiten und Möglichkeiten. Das diese einfache Sichtweise sich nicht bestätigen lässt, zeigt eine Studie von Kessler und Staudinger (2009, S. 350), in der ältere Erwachsene (59- 80 Jahre) unter anderem berichten, dass sie sich kompetenter in der Kontrolle ihrer Emotionen fühlten. Es zeigte sich auch eine größere Flexibilität im Gebrauch von Strategien der Regulation. Neben diesen Ergebnissen oder auch gerade auf Grundlage dieser Ergebnisse konnte gezeigt werden, dass besonders Ältere eine höhere Effizienz zeigten, wenn es darum ging, positive Gefühle in schwierigen Situationen zu generieren und negative Gefühle zu reduzieren. Die gezeigte Flexibilität scheint ein Schlüssel zu sein, um zu verstehen, warum insbesondere positive, *niedrig erregte Emotionen* im Alter zunehmen (ebd., 2009, S. 355), die mit dem Gefühl von Zufriedenheit korrespondieren. Zu diesen Emotionen zählen *Gelassenheit, Entspanntheit, in sich ruhen* und *Ungezwungenheit*. In der beschriebenen Studie korrelieren diese Eigenschaften sowohl mit dem Alter, als auch mit den Big Five (Persönlichkeit), wobei letztere signifikant den Effekt des Alterns reduzieren ($p < .001$).

Die Beobachtung eines Zusammenhanges mit der Persönlichkeit deckt sich mit den Ergebnissen einer Studie von Havighurst (1961, S. 8), der die Frage nach erfolgreichem Altern mit drei Theorien zu beantworten versucht. Demnach ist erfolgreiches Altern zum einen (1) *Activity*, möglichst lange Aufrechterhaltung der Aktivitäten des mittleren Erwachsenenalters, zum Anderen (2) *Disengagement*, die Akzeptanz der sukzessiven Loslösung vom aktiven Leben und (3) *mature*, eine „reife" Haltung, die Zufriedenheit bedeutet, solange Aktivität im Altersrahmen möglich ist. Havighurst kommt zu dem Ergebnis, dass sich jeder die Frage selbst beantwortet, was für ihn Zufriedenheit im Alter bedeutet. Somit wird ein Teil der Älteren der Aktivitätstheorie zugeordnet sein, während ein anderer Teil die Loslösung präferiert oder eine „reife" Haltung an den Tag legt, so Havighurst (1961, S. 12). Er sieht den Grund für die Hinwendung zur einen oder anderen Gruppe in der Persönlichkeit der Personen. Einen Zusammenhang zwischen Persönlichkeit und Lebenszufriedenheit zeigen auch Kessler und Staudinger (2009, S. 358).

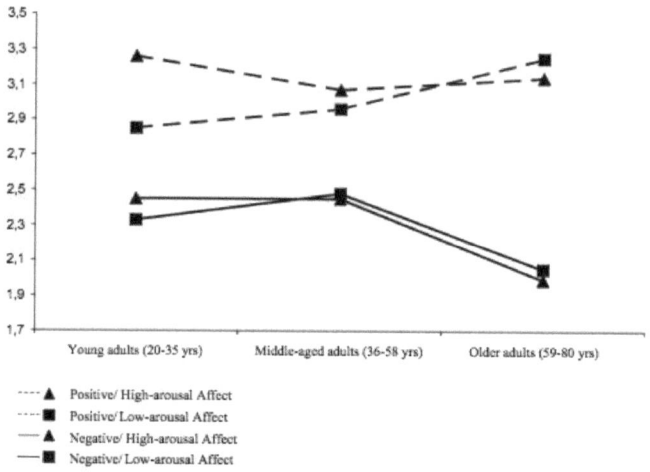

Abbildung 2.2: Altersbedingte Differenzen im Grad der unterschiedlichen Emotionstypen (Kessler & Staudinger, 2009, S. 355). Y-Achse = Selbsteinschätzung nach Fragebogen (Mittelwerte).

In der Abbildung 2.2 zeigt sich insgesamt ab dem mittleren Alter ein Anstieg positiver Emotionen (gestrichelte Linien) und eine Verminderung der negativen (durchgezogene Linien). Eine Zuordnung der Eigenschaften zu den unterschiedlichen Kategorien bezüglich Enervierungsgrad der emotionalen Erfahrung befindet sich im Anhang unter 8.1. Es scheint entweder der Zuwachs an emotionaler Selbstkompetenz oder die eigene Persönlichkeit ein tendenziell positiveres Lebensgefühl mit zunehmendem Alter entstehen zu lassen. Aus der Abbildung ist eine Trennung der möglichen Einflussfaktoren nicht möglich. Andere mögliche Handlungsstrategien, um die oben beschriebene Ist-Soll-Diskrepanz günstig für das positive Selbstkonzept ausfallen zu lassen, sind unter 2.4 *Persönlichkeit, Identität und Selbstkonzept im Alter* mit (1) *Assimilation* und (2) *Akkommodation* beschrieben (Brandtstädter & Greve, 1994, S. 56-58).

Heutzutage wird auch von „erfolgreichem Altern" (Wahl, Diehl, Kruse, Lang & Martin, 2008, S. 11) gesprochen, was ein möglichst hohes Maß an *kognitiver* und *motorischer Leistungsfähigkeit* sowie *Selbstbestimmtheit* im Alltag beinhaltet. Auch ist die erlebte *Handlungsfähigkeit* und *Veränderbarkeit der Umwelt* ein als wichtig wahrgenommener Punkt, um die Ist-Soll-Diskrepanz günstig für das *positive Selbstkonzept* ausfallen zu lassen. Diese Punkte könnten zu der Meinung führen, dass es zu einer höheren Bewertung der objektiven Aspekte komme. Die qualitative Veränderung der Ziele (Lang & Carstensen, 2002, S. 125), assimilative und akkommodative Handlungsstrategien (Brandtdtädter & Greve, 1994, S. 56), eine kompetentere Emotionsregulation (Kessler & Staudinger, 2009, S. 350) sind somit wichtige Bausteine in Bezug auf Lebensqualität im Alter und legen wiederum nahe, dass es zu einer Gewichtung hin zu den subjektive Aspekten geben könne.

2.3 Individuelle und gesellschaftliche Altersbilder

Jeder Mensch bildet im Laufe seines Lebens naive Vorstellungen über den Verlauf des Alterungsprozesses aus. Diese Konstrukte entstehen in der Auseinandersetzung mit der Umwelt (Huy & Thiel, 2009, S. 122).

Altersbilder sind nach dem sechsten Bericht zur Lage der älteren Generation in der Bundesrepublik Deutschland (Bundestag, 2010, S. 36) Bestandteil des kulturellen Wissensschatzes einer Gesellschaft und des individuellen Erfahrungsschatzes der einzelnen Mitglieder dieser Gesellschaft.

Es gibt unterschiedliche Ebenen der Betrachtung. Zum einen kann eine Gesellschaft ein Bild vom Altern generieren, das auf der Makro-Ebene das Individuum beeinflusst und als „kollektives Deutungsmuster" einer Gesellschaft gesehen werden kann, zum anderen kann es in die Struktur von sozialen Organisationen eingehen. Dies geschieht auf der sozialen Meso-Ebene. Hier bekommen die Vorstellungen, was im Alter gesellschaftlich angemessen erscheint eine konkrete, handlungswirksame und dauerhafte Form. Als dritten Punkt geht der Bericht auf die soziale Mikroebene ein. Es kommen bestimmte Verhaltensmuster unter anderem dann zum Tragen, wenn zum Beispiel das Alter in einer Interaktion thematisch eine Rolle spielt oder es sich um altersbezogen asymmetrische, soziale Kontakte handelt. Die so in den drei Ebenen entstandenen Stereotype bilden vereinfachte Modelle des Alters und Alterns, die allerdings zu Beurteilungsfehlern in Hinblick auf individuelle Alterungsprozesse führen können (Hamilton & Gifford, 1976, S. 406). Nach der von ihnen aufgestellten „Theorie der illusorischen Korrelation" werden Dinge oder Argumente in eine Beziehung zueinander gebracht, die faktisch nicht besteht (Howard & Cortés, 2004, S. 15). Um bei den Altersbildern zu bleiben, wäre eine solche illusorische Korrelation beispielsweise „alte Menschen können nichts Neues mehr lernen". Wird dies als vermeintliche Wahrheit angenommen, entstehen verzerrte Glaubenssätze über die Gruppe der Alten. So entstandene negative Rollenbilder können beispielsweise Leistungspotenziale unterdrücken (Trautmann, Voelcker-Rehage &

Godde, 2011, S. 25; Bundestag, 2010, S. 23). Trotz vorhandener Kompetenzen wird im Sinne eines *underachievements* agiert. Daraus lässt sich die Frage ableiten, ob sich überhaupt ein kausaler Zusammenhang finden lässt zwischen den Variablen *Altersbild* und den konkret gemessenen Indices für *Kognition* und *Motorik* (siehe 3.3 *Variablen*)? Korrelieren also die eigenen Potenziale mit dem eigenen Altersbild oder sollte der Interpretation von Schmitt (2004, S. 290) gefolgt werden, der im Sinne des Konstruktivismus keinen direkten Zusammenhang zwischen dem subjektive Erleben und den konkreten Leistungseinbußen (vgl. *Motorik/ Kognition*) sieht? Es macht demzufolge nur das Erleben Sinn, dem der Sinn oder die Bedeutung gegeben wird. Mit anderen Worten könnte man sagen, dass das ausgeblendet wird, was das Selbstkonzept stört oder es zu demontieren droht. Was mit Bedeutung belegt wird wiederum hängt laut Schmitt von dem individuellen Altersstereotyp ab. Ist die eigene Prägung negativ, werden die Vulnerabilitäten verstärkt wahrgenommen, während ein von Kompetenz geprägtes Bild eine Resilienz bedeutet. So scheint, im Sinne einer *self fulfilling prophecy*, die eigene Sicht aufs Alter zu einem impliziten, dem Bewusstsein nicht zugänglichen Modell zu werden, so eine These von Levy (zitiert nach Schmitt, 2004, S. 290). Wobei auch der Richtung der Prägung eine Bedeutung zukommt. So fand Meisner (2011, S. 15) in seiner Metaanalyse heraus, dass Priming durch negative Stereotype 2,6-fach stärkeren Einfluss hat auf das Verhalten als Priming durch positive.

Eine differenzierte Betrachtung der genutzten Altersbilder liegt von Huy und Thiel (2009) vor. Mit 2002 Personen zwischen 50 und 70 Jahren wurden computer- assistierte Telefoninterviews durchgeführt. 31 Aussagen zu Gesundheit, Aussehen, Aktivität und Lebensstil sollten bewertet werden. Mittels Faktoren- und Clusteranalyse konnten drei unterschiedliche Altersbild- Cluster identifiziert werden: (1) die *fitten Leistungshungrigen*, (2) die *klassischen*, (3) die *unbekümmert Engagierten*.

Die verschiedenen Items, die Huy und Thiel (ebd.) verwendet haben, sind, gruppiert nach den Dimensionen der Hauptkomponentenanalyse, im Anhang unter 8.2 einzusehen.

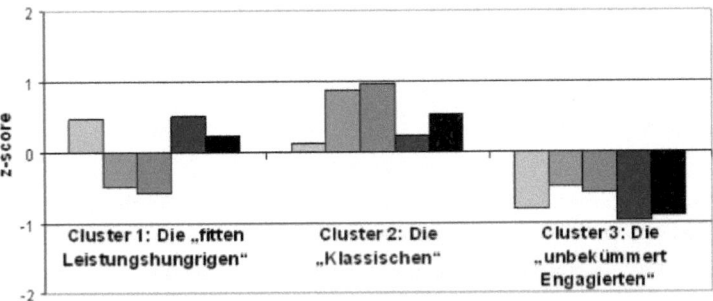

□ Körperliche Aktivität und gesunde Ernährung sind die Voraussetzung für Fitness und Gesundheit im Alter.

▨ Zurückhaltung und Unauffälligkeit sind angemessene Verhaltensweisen für das Alter.

▨ Körperliche Einbußen und Abhängigkeit sind die Normalität des Alters.

■ Körperliche Leistung ist mit dem Alter vereinbar.

■ Ein attraktives Erscheinungsbild ist mit dem Alter vereinbar.

Abbildung 2.3: z-transformierte Mittelwerte der Ausprägung einzelner Dimensionen des Altersbildes in den Altersbild- Clustern (Huy & Thiel, 2009, S. 126)

Die Cluster (Abb.2.3) wurden in der Studie in Bezug gesetzt zum allgemeinem Gesundheitsverhalten. Es zeigten Personen mit *positiv-optimistischem* Bild vom Alter (Cluster 1) ein signifikant gesundheitsförderlicheres Verhalten als Personen, die das Alter mit Rückzug und Passivität in Verbindung brachten (Cluster 3). So waren beispielsweise die zu Cluster 1 gehörigen Probanden (*fitten Leistungshungrigen*) sportaktiver und ernährten sich gesünder. Jede Gruppe wird vermutlich durch ihr Verhalten eine Bestätigung ihres Bildes erhalten, da die Aktiven (1) gesundheitlich profitieren würden und daraus resultierend im Mittel gesünder wären und blieben, während die Passiven (Cluster 3) leicht in eine negative Spirale gleiten könnten, die ihre Sicht der Verluste verstärken würde.

Die eigene Sicht auf das Alter kann das Verhalten demzufolge sowohl im Negativen als auch im Positiven beeinflussen. Huy und Tiehl (2009, S. 123) weisen darauf hin, dass sich negativ getönte Altersbilder in diesem Kontext als ein großes Problem erweisen können, bezogen auf die Motivation, beispielsweise ein gesundheitsförderliches Verhalten zu zeigen. Die Persönlichkeit besitzt dabei einen großen Einfluss auf die Sichtweise, wie mit der allgemeinen Entwicklung durch das Alter umzugehen ist (Baltes et al., 1998, S. 643). Sie bestimmt welches Verhalten in Bezug auf Gewinne und Verluste des Alters gezeigt wird.

2.4 Persönlichkeit, Identität und Selbstkonzept im Alter

Eine allgemeingültige Definition des Begriffes *Persönlichkeit* gibt es nicht. Es gibt viele Theorien, die sich dem Konstrukt nähern.

Das *Wörterbuch Psychologie* (Fröhlich, 2008, S. 363) definiert Persönlichkeit als die „umfassende Bezeichnung für die Beschreibung und Erklärung der Bedingungen, Wechselwirkungen und Systeme, die interindividuelle Unterschiede des Erlebens erfassen und gegebenenfalls eine Vorhersage künftigen Verhaltens ermöglichen".

Allport sieht das Konstrukt als „dynamische Organisation derjenigen Systeme im Individuum, die sein charakteristisches Verhalten und Denken determinieren" und A. Leontjew (1903–1979) wies darauf hin, dass Persönlichkeit erst durch den Austausch mit der Umwelt entsteht (Simon, 2006, S. 10), um nur einige Beispiele zu nennen.

Es scheint, laut verschiedener Studien, wie beispielsweise von Brandtstädter (2002; zitiert nach Wahl et al., 2008, S. 8), sowie Staudinger und Kunzmann (2005, S. 326), eine Stabilität in Bezug auf *Persönlichkeit im Alter* zu bestehen.

Wie lässt sich aber erklären, dass sich vielfach das Verhalten über die Zeit verändert? Lang und Carstensen (2002, S. 134) gehen nicht von einer Persönlichkeitsveränderung aus, die dies bewirkt, sondern lediglich von einer Änderung der Ziele. So zeigte ihre Studie mit $N = 180$ ProbandInnen zwischen 20 und 90 Jahren, dass Ältere, die ihre verbleibende Zeit als limitiert ansehen Ziele wählen, die emotionale Werte beinhalten und in naher Zukunft umgesetzt werden können, während Jüngere ihre Zeit als unbegrenzt empfinden und eher bildungs- und erfahrungserweiternde Ziele bevorzugen. Hier kann man folglich nicht von einer Persönlichkeitsänderung sprechen, sondern vielmehr von einer Werteverschiebung, die in ihrer individuellen Ausrichtung durch die zugrundeliegende Persönlichkeit gelenkt wird.

Für den Begriff der *Identität* gibt es ebenfalls keine allgemeingültige Definition, sondern nur Annäherungen und Erklärungsversuche.

Vereinfacht lässt sich Identität als die eigene Persönlichkeitsstruktur („das bin ich") und das Bild, das andere von dieser Struktur haben (Oerter & Montada, 2002; in Haller & Müller, 2006, S. 11) beschreiben. Identität wird auch bezeichnet als *Selbst* und kann zusammengefasst als eine *Verortung eines Individuums* gesehen werden (Keupp, Ahbe, Gmür, Höfer, Mitzscherlich, Kraus, et al.,2002, S. 27). Sie unterteilen Identität in drei Teilbereiche in Bezug auf die Ziele. Zum einen strebt ein Individuum nach (1)*Authentizität* (Einzigartigkeit), zum anderen nach (2) *Kohärenz* (Stimmigkeit, Integration verschiedener Anforderungen) und zum dritten nach (3) *Anerkennung/ Integration* (Platz in der Gesellschaft). Keupp et al. (2002, S. 60) verstehen Identität als das individuelle Rahmenkonzept einer Person, innerhalb dessen sie ihre Erfahrungen interpretiert. Innere und äußere Erfahrungen müssen stimmig verknüpft werden. Geht man in der Betrachtung von *Alter* auf Erickson (1971, S. 263) zurück, so erreicht der alte Mensch die achte und letzte Stufe der *Ich-Entwicklung* und hat, bei erfolgreicher Bearbeitung der Aufgaben der vorangegangenen Stufen, ein *kohärentes Selbstbild* entwickelt. Erickson nennt dies *Ich-Integrität*. Er ruht in sich, weiß um die Endlichkeit des Lebens und schaut auf sein gelebtes Leben zurück mit Hinnahme dieses eigenen, einzigen Lebensweges. Ist es nicht zu einer gefestigten, gewachsenen *Ich-Integrität* gekommen, zu keiner Integration des gelebten und nicht-gelebten Lebens, kann sich Verzweiflung einstellen, wenn die Zeit zu kurz ist, um einen alternativen Weg zu gehen.

Was in früheren Jahren nach Keupp (2002) noch *Identitätspakete* waren, an denen sich die alten Menschen am Ende ihres Lebens orientieren konnten, um zu einer *Ich-Integrität* zu gelangen, sind heute individuelle *Passungsleistungen*. Dies beinhaltet sowohl eine Chance der Selbstgestaltung, als auch eine Forderung zur Handlung, die ohne materielle, soziale, psychische Ressourcen zu einer schwer erträglichen Aufgabe werden kann (Keupp et al., 2002, S. 53).

Es stellt sich die Frage, inwieweit heutzutage ältere Menschen die Chance nutzen, zu einer Identitätsgestaltung, die ihrer Individualität entspricht, zu gelangen oder ob die fehlenden *Identitätspakete* in die *Verzweiflung* über eine nicht gelungene *Ich-Integrität* führen. Der Mensch „baut" sich das Konzept seiner *Selbst*: Wer bin ich als alter Mensch, wie darf ich sein, um die Akzeptanz und Anerkennung der Gesellschaft zu erhalten. Hierzu sagt Erickson (1971, S. 263), dass der Mensch, obwohl er sich der Relativität seiner eigene Art zu leben bewusst sei, er die Würde seiner eigenen Lebensform verteidige. Die Antwort auf die Frage nach dem „Wer bin ich?" ist demzufolge von elementarer Bedeutung. *Ist* der ältere Mensch eventuell nur die *Summe seiner Fähigkeiten* oder hat das subjektive Erleben eine ebenso große Bedeutung?

Petersen (2008, S. 223) fasst den Begriff *Selbstkonzept* als Konstrukt der *personalen* und der *sozialen* Identität auf. Die personale Identität setzt sich aus Merkmalen, Eigenschaften und Fähigkeiten der Person zusammen, während sich die soziale Identität aus der Summe der assoziierten Eigenschaften und Werte zusammensetzt, die den einzelnen sozialen Rollen zugeordnet sind. Aus den beiden Identitäten konstituiert sich nach Petersen das Selbstkonzept. Da die Werte der assoziierten Rollen einem gesellschaftlichen Einfluss unterliegen, zeigt sich hier ein Einfluss der aktuellen Altersbilder und verdeutlicht die Subjektivität des Selbstkonzeptes, die auch schon durch das Wort *Selbst* impliziert wird.

Ein positives Selbstbild ist ein hohes, schützenswertes Gut. Brandstädter und Greve (1994, S. 56-58) sprechen von einem Bedürfnis der Erhaltung einer positiven Identität und Lebensperspektive im Alter und fassen die Strategie damit umzugehen im *Zwei-Prozess-Modell der Entwicklungsregulation* zusammen. Dem Modell zufolge gibt es zwei Möglichkeiten, die Wahrnehmung des Abbaus zu reduzieren oder zu vermeiden. Ziel ist immer eine Verringerung der *Ist-Soll-Diskrepanz* die durch eine (momentane) Aufforderung , ein angestrebtes Ziel oder eine gestellter Anforderung (Meyer & Greve, 2012, S. 28) entsteht.

1. Problem gerichtete Aktion (*assimilativ*) → Anpassung von Ist-Zuständen, mit selektiven Ausrichtung. Es werden von vornherein *erreichbare* Ziele geplant und selbstständig in Handlung umgesetzt.

2. Selbstevaluation (*akkommodativ*) → Veränderung der Soll-Komponenten, mit kompensatorischer Ausrichtung. Dabei handelt es sich um Nicht-Intentionale Prozesse, dies können zum Beispiel Zielabwertungen sein.

Diese intrapsychischen Regulationsstrategien greifen dann, wenn proaktive Veränderungen in Bezug auf die verschiedenen Entwicklungsanforderungen nicht mehr oder nur eingeschränkt möglich sind. Sie können als lebenslange adaptive Ressource angesehen werden (Meyer & Greve, 2012, S. 27-28).

Heckhausen und Schulz (1995, S. 296) bezeichnen die Handlungsstrategien als (1) *primäre* und (2) *sekundäre* Kontrollen. Diese Bezeichnungen sind analog zu (1) *assimilativer* und (2) *akkommodativer* Strategie zu verwenden. Die primäre Kontrolle macht es dem älteren Menschen möglich, seine Umwelt zu gestalten, während die sekundäre bei der Bewältigung der altersbedingten Leistungsverluste hilft, indem beispielsweise Ziele umformuliert werden oder Prioritäten verändert werden.

Ältere haben auch eine relativ stabile, sich kaum verändernde Vorstellung der eigenen Handlungsfähigkeit (primäre Kontrolle) über die Zeit des Alterns und nutzen mit dieser Sichtweise paradoxerweise die sekundäre Kontrolle: Menschen jeder Altersstufe glauben an einen generellen Abbau der Leistungsfähigkeit im Alter, beziehen dies aber nicht auf sich selbst. Baltes et al. (1990, S. 22) sprechen auch von *der Fähigkeit die Realität zu transformieren*. Erreicht wird mit dem zuvor Beschriebenen zusätzlich zur Erhaltung eines positiven Selbstbildes, ein Gefühl der Handlungsfähigkeit in der jeweiligen Umwelt (Wahl et al., 2008, S. 10). Dies ist ein wichtiger Punkt bei der Bewertung der Lebenszufriedenheit (siehe Kap. 2.4). Laut Perrig-Chiello (1997; zitiert nach Kruse & Wahl, 1999, S. 285) trägt es maßgeblich zur Zufriedenheit bei, wenn ältere Menschen ihre Umwelt als veränderbar und kontrollierbar erleben.

Es scheint, als ob der ältere Mensch sein Selbstkonzept nicht an messbaren Variablen (kognitiv, motorisch) orientiert, als vielmehr eine angepasste, subjektive Selbstbewertung vornimmt. Ziel hierbei ist der Schutz des Selbstbildes. So kann beispielsweise trotz des häufigen Vergessens von Telefonnummern das eigene Gedächtnis als gut bewertet werden, wenn geleugnet wird, dass dies ein Indikator für generell nachlassende Gedächtniskapazität ist (Greve & Wentura, 2003, S. 40).

3 Material und Methodik

Zwei unterschiedliche Paradigmen dominieren die Methodenwahl in der Sozialpsychologie: das *normative* und das *interpretative*.

Nach dem *Normativen Paradigma* ist menschliche Interaktion gekennzeichnet durch (1) erworbene Disposition der Handelnden und (2) Rollenerwartungen, beziehungsweise einem strukturierten Satz von Rollenerwartungen, dem *Status* (Wilson, 1973, S. 55). Aus diesen sozialen Strukturen ergeben sich Handlungsnormen. Nach der Talcott Parsons Rollentheorie [1] internalisieren Menschen Normen und Werte einer Gesellschaft und handeln dementsprechend. Die Erklärung für menschliches Handeln ist deduktiv, vom Allgemeinen zum Speziellen. Methodologisch gesehen ist die Herangehensweise deskriptiv, beschreibend und somit der *quantitativen* Forschung zugeordnet.

Wilson (1973, S. 59) sieht eine menschliche Interaktion grundsätzlich als interpretativen Prozess, in dem der Handelnde nicht einfach eine Rolle einnimmt, sondern aus einer Perspektive handelt und diese auch reflektiert. Im Interagieren wird fortwährend gewertet und die folgende Handlung angepasst. Das Interpretative Paradigma nähert sich nicht deduktiv, sondern versucht die Rolle des Handelnden einzunehmen (ebd., S. 62, 69), um seine Motive, Absichten und Umstände zu verstehen und zu deuten. Auf der methodologischen Seite bewegt man sich hier im Rahmen der *qualitativen* Analysen.

Die Grundlage der vorliegenden Arbeit ist das *normative Paradigma*. Die Herangehensweise ist deduktiv. Es soll vom allgemeinen Verhalten einer Gruppe auf die Bedürfnisse der Mitglieder der Gruppe geschlossen werden. Es wird davon ausgegangen, dass alle Beteiligten sich auf das gleiche Wertesystem beziehen und gleiche Symboliken verwenden (ebd., S. 56). Hier geht es weniger um das Empfinden und Interpretieren, als vielmehr um den Einfluss objektiver oder subjektiver Aspekte auf das persönliche Altersbild in einem Überblick. Sicher ist es eine Überlegung wert, ob dieser Arbeit angeschlossen eine qualitative, interpretative Forschung folgen sollte. Dies wird an späterer Stelle diskutiert.

---

[1] Talcott Parson (1902- 1979), US-amerikanischer Soziologe. Gilt als einflussreicher, soziologischer Theoretiker. Stellte Handlungstheorie auf, die er weiterentwickelte zum Strukturfunktionalismus und im Weiteren aufbaute zur soziologischen Systemtheorie.

3.1 Studienteilnehmerinnen

Da in dieser Studie vor allem die verschiedenen Altersgruppen in Bezug auf geleitetes Tanz-training mit entsprechender Kontrollgruppe untersucht werden sollten, wurde die Stichprobe nicht repräsentativ zusammengestellt und nicht randomisiert. Auswahlkriterien waren: weib-lich, mindestens 5 Jahre Tanztraining, älter als 64 Jahre, nicht mehr erwerbstätig sowie ein definierter Mindestgesundheitszustand. Die Kontrollgruppe erfüllte dieselben Kriterien, durfte aber die letzten 5 Jahre keinen Tanzsport betrieben haben.

Der Grund dafür, dass nur Frauen getestet wurden liegt darin, dass es kaum Männer gibt, die im Seniorentanzsport zu finden sind. Somit wurde sich für ein rein weibliches Panel entschieden, um den Einfluss der Störvariablen „Geschlecht" heraus zu nehmen.

Die Rekrutierung erfolgte über Kontakte zum Bundesverband Seniorentanz e.V. und über Zeitungsannoncen. Die Teilnahme in beiden Gruppen war proaktiv. In einem kurzen Telefon-interview wurde abgeklärt, ob die Kriterien für eine Teilnahme erfüllt waren.

Für die nachfolgenden Betrachtungen wird die Unterteilung von Tänzern und Nicht-Tänzern aufgehoben, da eine allgemeine Aussage der kausalen Beziehungen der Variablen getroffen werden soll. Insgesamt konnten $N = 91$ Probandinnen im Alter von durchschnittlich 73,5 Jahren (SD 5.33) getestet werden: 25 (65- 69 Jahre), 33 (70- 74 Jahre), 29 (75- 82 Jahre), 4 (> 83 Jahre).

3.2 Studiendesign

Die gesamte Studie umfasste vier Teilbereiche. Zum einen (1) eine *MRT-Untersuchung*, um strukturelle Unterschiede bestimmter Gehirnregionen zu erfassen, zum anderen einen (2) *motorischen* und einen (3) *kognitiven* Testungsteil, sowie (4) *Fragebögen* zur Demographie und zum Befinden („well-being").

Im Folgenden werden die Ergebnisse der motorischen und der kognitiven Testung als Gesamt-Indices betrachtet. Fokussiert werden die Items des „well-being"-Fragebogens, die sich inhalt-lich mit *Emotionen, Lebenszufriedenheit* und *Persönlichkeit* beschäftigen.

3.3 Erhobene Variablen

Die Auswahl der Variablen beruht auf dem *Modell der Lebensqualität* (nach Rietz & Rudinger, 2000, S. 28). Zusätzlich sind noch die Variablen *Altersbild* und *Persönlichkeit* hinzugenommen worden, um ihren Einfluss auf die latente Variable zu klären.

3.3.1 Emotionen

Subjektives Wohlfühlen oder die *Abwesenheit von Unwohlsein* wird als ein Indikator gesehen für *Zufriedenheit im Alter* (Wiesmann & Hannich, 2008, S. 56).

41 Items erfragen Emotionen, die auf einer 5-stufigen Skala von „sehr wenig" bis „sehr stark" (empfunden) bewertet werden. Dabei wird die zeitnahe Spanne der letzten Wochen erfragt: „In den letzten Wochen habe ich mich so gefühlt...".

Angeboten werden Emotionen wie „freudig, ängstlich, locker, träge...". Entsprechend ihrer Ausrichtung werden einzelne Items zur Verrechnung nachträglich umgepolt. Hohe Werte bedeuten eine positive emotionale Bewertung.

Die Items entstammen der Studie von Kessler und Staudinger (2009, S. 351-352). Über eine Faktorenanalyse wurde ein vier Faktorenmodell von Emotionen entwickelt und evaluiert, auf das unter Kapitel 2.3 eingegangen wurde (siehe auch Abb. 2.2). In Hinblick auf das Alter der Teilnehmerinnen wurde sich für diese Batterie entschieden. Für diese Arbeit wurden die Items 1 bis 21 (siehe 8.4.1 und 8.4.2), die in den Kategorien *positiv-high, positiv-low, negativ-high* und *negativ-low* zugeordnet sind, so zusammengefasst, dass hohe Werte positive Emotionen bedeuten. Hierfür wurden die negativ ausgerichteten Items rekodiert und alle Items über die Mittelwerte zusammengefasst zu einem Gesamtmittelwert (pos 1-21). Die Unterscheidung in *high* und *low* entfällt. Von den Items 22 bis 41 (siehe 8.4.3 und 8.4.4), die den Kategorien *positiv-aktiviert, negativ-aktiviert, hoch-aktiviert* oder *niedrig-aktiviert* zugeordnet sind, wurden nur die positiv und negativ kategorisierten verwendet und nach Umpolung der negativen zu einem Gesamtmittelwert (pos22-41) verrechnet.

Um den Gesamtindex (positive) *Emotionen* zu erhalten, wurden die Mittelwerte *pos 1-21* und *pos 22-41* zu einem gesamten Mittelwert zusammengefasst.

3.3.2 Lebenszufriedenheit

Grundlage für die 5 Items zur Erfassung der Lebenszufriedenheit ist die häufig genutzte SWLS (Satisfaction with Life Scale) von Diener, Emmons, Larsen und Griffin (1985).

Faktorenanalytisch aus 48 ursprünglichen Items generiert, ergibt sich eine interne Konsistenz in 6 späteren Studien von Cronbachs alpha .79- .89 (Pavot & Diener, 1993, S. 167). Inhalts- und Konstruktvalidität konnten ebenso bestätigt werden.

Auf einer siebenstufigen Skala von 1 (stimme völlig zu) bis 7 (stimme überhaupt nicht zu) werden fünf Statements bewertet. Ein hoher Wert ist positiv zu werten.

Für die Indexbildung wurden über die fünf Items Mittelwerte gebildet, die zu einem Gesamt- mittelwert, dem Index, verrechnet wurden (Items siehe 8.3).

3.3.3 Altersbilder

Die 21 Items wurden dem Fragenkatalog des *Deutschen Alterssurvey* (DEAS) entnommen (Motel-Klingebiel, Wurm, Engstler, Huxhold, Jürgens, Mahne, Schöllgen & al., 2009) und wurden erstellt vom *Deutschen Zentrum für Altersfragen* (DZA). Beim DEAS handelt es sich um eine bundesweit repräsentative Quer- und Längsschnittbefragung von Personen, die sich in der zweiten Lebenshälfte befinden (> 40 Jahre). Gefördert wird das Projekt aus Mitteln des *Bundesministeriums für Familie, Senioren, Frauen und Jugend* (BMFSFJ). Mittlerweile gab es drei Befragungswellen: 1996, 2002, 2008. Dem Fragenbereich „Die zweite Lebenshälfte Einstellungen und Lebenslagen" sind die Items zum Thema *subjektives Alterserleben* entnommen. Es wird davon ausgegangen, dass die subjektiven Theorien die Menschen über den Prozess des Älterwerdens haben Einfluss auf ihr Handeln (Dittmann-Kohli, Kohli, Künemund & Motel, 1997, S. 10). Auf einer vierstufigen Skala von 1 (trifft genau zu) bis 4 (trifft gar nicht zu) wurden Aussagen wie:

„Älter werden bedeutet für mich, dass ich genauer weiß, was ich will"

oder entgegengesetzt gepolte wie:

„Älterwerden bedeutet für mich, dass ich weniger respektiert werde"

bewertet. Es wurden sieben Bereiche der Entwicklung im Alter erfasst: Selbstbewertung, Psyche, Körper, Leben allgemein, Zukunftsorientierung, Aktivitäten und Kontakte. Damit korrespondieren die Bereiche mit den Sinnzonen des SELE-Instruments (*Selbst- und Lebensbeschreibung*; ein von Freya Dittmann-Kohli entwickeltes Fragebogen-Instrument, mit dem Veränderungen des individuellen Sinnsystems im Erwachsenenalter erfasst wird) und mit dem sozialen Alltagserleben der Teilnehmerinnen.

Für die Auswertung wurden alle Items so gepolt, dass eine hohe Punktzahl ein positives Altersbild bedeutet. Die verschiedenen Bereiche des Erlebens wurden hierbei nicht berücksichtigt (Items siehe 8.6).

3.3.4 Gesundheitszustand

Zur Beschreibung des Gesundheitszustandes wurden frühere und derzeit erlebte Krankheiten abgefragt (siehe Kap. 8.7). Zur Bewertung des Gesundheitszustandes wurde die Summe der jetzt erlebten Krankheiten genommen. Wie schon unter Kapitel 2.2 *Lebensqualität im Alter* erwähnt, handelt es sich um eine Selbstbeschreibung und ein unbedenkliches EKG. Im Rahmen dieser Studie wurde dies als ausreichend erachtet.

Um Gesundheit zu beschreiben wurden die erhaltenen Werte umgepolt (siehe Kap. 8.7). Die neue Variable heißt *gesund*.

KAPITEL 3. MATERIAL UND METHODIK

3.3.5 Motorik-Index und physikalische Fitness

Zur Erhebung der motorischen Fähigkeiten wurden verschiedene Fertigkeiten getestet (siehe Tab. 3.1), angelehnt an Voelker-Rehage, Godde und Staudinger (2010, S. 167). Ebenso wurden die gebildeten Indices Motorik-Index (*z-Motorik*) und physikalische Fitness (*z-physical*) in Anlehnung an diese Studie berechnet. So ergibt sich der Motorik-Index aus den z-standardisierten Mittelwerten der Aufgaben 2 bis 8 und der Index für physikalische Fitness aus der Kraftanstrengung und der Messung der Ausdauer in der Spiroergometrie (1.). Die einzelnen Aufgaben sind in Tabelle 3.1 aufgeführt.

Tabelle 3.1: Motorik Tests

1.	Kardiovasculäre Fitness	Spiroergometrie
2.	Gleichgewicht	Einbeinstand/ Balancieren rückwärts
3.	Auge-Hand-Koord./Feinmotorik	Purdue Pegboard Test
4.	Reaktionsschnelligkeit	Stab fallen lassen
5.	Aktionsschnelligkeit	Tapping mit den Füßen
6.	Wendigkeit	Wendigkeitstest
7.	Kraft	Kraft obere Extremität/untere Extremität
8.	Beweglichkeit	Beweglichkeit Schulter/ Beinrückseite

3.3.6 Kognitions-Index

Um den Kognitionsindex zu bestimmen wurde die Betrachtung der allgemeinen Intelligenz im *Zweikomponentenmodell nach Raymond Cattel* (1971; zitiert nach Kray & Lindenberger, 2005, S. 196) herangezogen. Er unterscheidet zwischen (1)biologischer (*fluider*)= Mechanik und(2) kulturell determinierter (*kristalliner*) Intelligenz = Pragmatik.

Die fluide Intelligenz ist angeboren, ererbt und wird nicht von der Umwelt beeinflusst. Nach Lindenberger (2000, S. 2) definiert sie sich durch die Geschwindigkeit, Genauigkeit und Koordination elementarer, kognitiver Prozesse, wie zum Beispiel die selektive Aufmerksamkeit oder Kategorisierung. Auch die Fähigkeit zur Lösung neuartiger kognitiver Probleme gehört in diesen Bereich. Der ontogenetische Verlauf über die Lebensspanne ist: Zuwachs, Stabilität, Abbau.

Die kristalline Intelligenz hingegen ist wissensbasiert und kulturabhängig. Über die Lebensspanne kommt es zu einer Anhäufung von deklarativem und prozeduralem Wissen (ebd.).

Einige Formen des Wissenserwerbs sind kulturabhängig, zum Beispiel die „allgemeine Schul-pflicht", andere sind universell (Unterweisung durch Mentoren jeglicher Art).

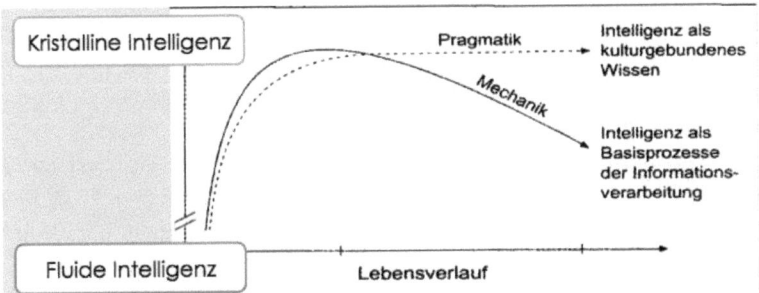

Abbildung 3.1: Verlauf fluide/ kristalline Intelligenz über die Lebensspanne modifiziert nach Kray und Lindenberger (2005, S. 195)

Die Messung der fluiden Intelligenz ist stärker mit der gegenwärtigen Lebenssituation (z.B. dem Alter, der Gesundheit) verbunden (siehe Abb. 3.1), während die kristalline Intelligenz stärker mit soziographischen Gegebenheiten korreliert und nicht so stark von einem Abbau im Alter betroffen ist. Dies ist in Abb.3.1 idealisiert dargestellt.

Es ist zu vermuten, dass insbesondere die fluide Intelligenz einen Zusammenhang mit der Motorik zeigt. Aktivität hat einen steigernden Einfluss auf kognitive Leistungen. Gezeigt werden konnte dies unter anderem in einer Altersstudie der Berliner Charité (Klusmann, Evers, Schwarzer & Heuser, 2011, S. 335).

Um beide Komponenten zu erfassen, wurden verschiedene kognitive Tests durchgeführt (Tab. 3.2), die angelehnt sind an die Testbatterie der Berliner Altersstudie (Li, Lindenberg, Aschersleben, Prinz & Baltes, 2004, S. 157).

Tabelle 3.2: Komponenten der Cogbat (cognitive test battery)

1.	Wahrnehmungsgeschwindigkeit	fluid	42 Items/ 90 sec	gleiche Bilder
2.	Denkfähigkeit	fluid	22 Items	figurale Analogien
3.	Gedächtnis	fluid	8 (x2) Items	Wortpaare
4.	Wortflüssigkeit	kristallin	60 sec	Tiere nennen
5.	Wissen	kristallin	35 Items	Wörter finden

Die Aufgaben wurden Computer gestützt bearbeitet. Für die weiteren Berechnungen wurden nach z-Standardisierung über die Mittelwerte zwei Indices gebildet: jeweils für die fluide Intelligenz (z-fluid) und die kristalline (z-kristallin) nach Li et al. (2004, S. 157).

3.3.7 Persönlichkeit

Gemessen wird die *Persönlichkeit* mit Hilfe der *Big Five*: (1) Neurotizismus, (2) Extraversion, (3) Offenheit, (4) Verträglichkeit und (5) Gewissenhaftigkeit (Items siehe Kapitel 8.5).

Zugrunde liegt die Annahme, dass über die fünf Dimensionen sich das unterschiedliche Verhalten und Erleben von Individuen erklären lässt (Gerlitz& Schupp, 2005, S. 2). Die deutsche Version mit 60 Items entwickelten 1993 Borkenau und Ostendorf. Für die Erfassung der *Persönlichkeit* wurde in dieser Studie eine Kurzversion des NEO FFI (Five Factory Inventory) mit 25 Items verwendet.

Die internen Konsistenzen der fünf Skalen liegen zwischen $\alpha = .72$ und $\alpha = .87$, die Retest-Reliabilitäten (fünf Jahre) zwischen $r = .71$ und $r = .82$. Es wird davon ausgegangen, dass die Persönlichkeitsmerkmale *Extroversion* und *Offenheit für Neues* in einem positiven Zusammenhang mit einem bejahenden Altersbild in Zusammenhang stehen. Aus diesem Grund wurde die latente Variable *Persönlichkeit* nur aus den beiden in diesem Kontext relevanten Merkmalen gebildet.

3.4 Lineare Strukturgleichungsmodelle (SGM)

Als Grundlage für die Theorie der Strukturanalyse dient das Buch von Rudolf und Müller über multivariate Verfahren (2012, S. 338- 390) auf das sich im Folgenden bezogen wird.

Ziel dieser Arbeit ist es, kausale Beziehungen zwischen mehreren abhängigen Variablen (*Krite-rien*) und unabhängigen Variablen (*Prädiktoren*) zu analysieren. Während die Faktorenanalyse sich nur auf einen (latenten) Faktor bezieht, ist es bei der multiplen Regressionsanalyse entgegengesetzt: eine abhängige Variable wird durch mehrere unabhängige vorhergesagt.

Mit *linearen Strukturgleichungsmodellen* (im Folgenden SGM genannt) ist es möglich beide Ansätze zu integrieren und die Beziehung von mehreren Kriterien und Prädiktoren zu betrachten, welche sowohl *latent* als auch *manifest* sein können und in ihrer Beziehung zueinander betrachtet werden. Es handelt sich hierbei um ein *konfirmatorisches* Verfahren, nicht um ein *exploratives*.

Im SGM wird beschrieben, wie die Beziehung zwischen den Variablen hypothetisch aussieht. Daher ist ein theoretisches Vorwissen des Feldes unabdingbar, um die Hypothesen sinnvoll einzubetten. Das theoretisch untermauerte Hypothesensystem wird mit den empirischen Daten auf Übereinstimmung geprüft. Es besteht nicht die Möglichkeit über eine signifikante Korrelation ein Modell zu bestätigen, da eine Korrelation nur die Existenz eines Zusammenhangs anzeigt, nicht aber die Richtung. Es ist nur möglich durch eine nicht signifikante Korrelation eine Beziehung zu negieren. Es sind durchaus mehrere Modelle möglich. Daher ist die theoretische Vorkenntnis so bedeutsam.

Um die komplexen Hypothesen über kausale Zusammenhänge zu untersuchen, wurde das Statistikprogramm SPSS 22 von IBM genutzt, welches das speziell für die Analyse *linearer Strukturgleichungsmodelle* ausgelegte Programm AMOS 22 (*Analysis of Moment Structure*) unterstützt. Die *Arbeitshypothesen* müssen in *statistische Hypothesen* übersetzt werden, die dann in formale Strukturgleichungssysteme überführt werden. Amos 22 bietet die Möglichkeit die zu prüfenden Kausalmodelle graphisch einzugeben. Dabei übernimmt das Programm die Umsetzung der Grafiken in die Strukturgleichungen. Die Berechnungen werden grundsätzlich mit z-standardisierten Werten durchgeführt, um eine Vergleichbarkeit der Werte zu erreichen.

3.4.1 Messannahmen

Es liegt mindestens Intervallskalenniveau und Multinormalverteilung vor. Es handelt sich um lineare Effekte, die additiv verknüpft werden können. Die endogene Variable wird durch ein Set exogener Variablen in seiner Variation erklärt.

3.4.2 Pfadmodell

Die *Regressionsanalyse* ist der einfachste Fall der *Pfadanalyse*. Um die SGM zu verstehen, soll hier in einem ersten Schritt nur von manifesten Variablen ausgegangen werden, wie sie im Pfadmodell vorkommen.

Die einfachste Beziehung unter den Variablen ist: $X beeinflusst Y$ (Tab. 3.3).

Tabelle 3.3: Regressionsmodell, X beeinflusst Y (eigene Tabelle)

Hypothese	X beeinflusst Y	Y ist endogenes Merkmal
Pfaddiagramm	$X \Longrightarrow Y$	direkte Beziehung
Modellgleichung	$Y = a + b * X$	bivariate Regressionsgleichung
z-standardisierte Modellgleichung	$z = r * z$	„b" entspricht nach Standardisierung dem Korrelationskoeffizienten „r". (ausschließlich bei direkten Effekten)

Erweitert man die Betrachtung um mehrere Regressionsmodelle, zum Beispiel durch Hinzufügen weiterer Variablen, so erhält man eine *Pfadanalyse*. Der Vorteil dieser Analyse ist, dass Zusammenhänge zwischen mehreren Variablen dargestellt werden können. Es wird unterschieden zwischen *gerichteten* und *ungerichteten*, sowie *direkten* und *indirekten* Zusammenhängen. Ebenso können mehrere abhängige Variablen ins Modell einbezogen werden, die entweder als *endogen* oder *exogen* (von außen einwirkend) zu betrachten sind (Tab. 3.4).

Tabelle 3.4: Pfadmodell: direkte und indirekte Zusammenhänge (eigene Tabelle)

Hypothese	Z_1 beeinflusst Z_3 Z_1 beeinflusst Z_3 über Z_2	
Pfaddiagramm	$Z_3 \longleftarrow Z_1$ $\diagdown Z_2 \diagup$	direkte Beziehung $(Z_1 Z_3 = p_{31})$ indirekte Beziehung $(Z_1 Z_3 = p_{21} * p_{21})$
Strukturgleichung	$r_{13} = p_{31} + p_{21} * p_{32}$	bivariate Regressionsgleichung

Das Ziel ist es, die Stärke der kausalen Beziehung zu bestimmen. Hierzu werden *Pfadkoeffizienten* (p) berechnet. Handelt es sich um eine direkte Beziehung, so entspricht der Wert des *Korrelationskoeffizienten* dem *Pfadkoeffizienten*:

$r_{12} = p_{21}$

p_{12} steht (siehe Tab. 3.4) für die Stärke des Zusammenhangs zwischen Z_1 und Z_2.

Zur Berechnung des indirekten Effekts zwischen Z_1 und Z_3 wird die folgende Formel verwendet:

$r_{13} = p_{31} + p_{21} * p_{32}$

Der Korrelationskoeffizient r lässt sich in direkte und indirekte Einflüsse zerlegen.

Die in jeder Messung enthaltenen Fehlervarianzen rechnen sich bei der Herleitung der Formeln gegen und tauchen daher nicht auf bei den Berechnungen der Korrelationen.

Setzt man *latente* Variablen zueinander in Beziehung, geschieht dies in einem *Strukturgleichungsmodell*.

3.4.3 Allgemeiner Aufbau SGM

Bei der Analyse linearer Strukturgleichungssysteme wird der faktorenanalytische Ansatz mit der Pfadanalyse kombiniert. So ist es möglich, Beziehungen zwischen mehreren latenten Variablen zu untersuchen.

Ein SGM besteht aus zwei Komponenten: dem *Strukturmodell* und dem *Messmodell*, die im Folgenden erläutert werden.

Strukturmodell (SM)

Ausgangspunkt sind immer Hypothesen, die aufgrund theoretischer Überlegungen in Beziehung stehen.

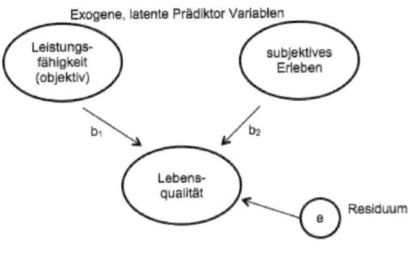

Abbildung 3.2: Strukturmodell der latenten Variablen (nach Rudolf & Müller, 2012, S. 349)

Im SM (Abb. 3.2) werden die Konstrukte abgebildet. Es enthält die Beziehungen der latenten Variablen zueinander. In empirischen Untersuchungen kann in der Regel die Kriteriums Variable nie vollständig erklärt werden. Es bleibt immer ein nicht durch die Daten erklärtes Residuum.

Die Koeffizienten b_1 und b_2 können hier analog zu den Regressionskoeffizienten interpretiert werden. Die zugehörige Strukturformel lautet dementsprechend:

$$Lebensqualität = b_1 * Leistungsfähigkeit + b_2 * subjektivesErleben + Residuum$$

Messmodell (MM) der endogenen Variablen

Im MM finden sich die *empirischen Indikatoren* der Kriteriums Variablen. Welche Indikatoren erklären die Varianz der latenten Variablen?

Hier ist zu beachten, dass die beiden latenten Merkmale *Leistungsfähigkeit* und *subjektives Erleben* sowohl Prädiktor für das Kriterium *Lebensqualität* sind, als auch selbst (latente) Kriterien, welche durch manifeste Variablen erklärt werden. Die Operationalisierung bei-

24

spielsweise von *Leistungsfähigkeit* erfolgt über die Indices von *Motorik* und *Kognition*. Zur Verdeutlichung der Methode wurde hier eine vereinfachte Darstellung gewählt (Abb. 3.3).

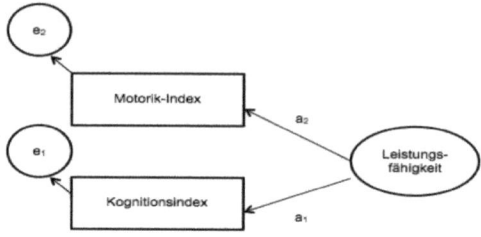

Abbildung 3.3: Messmodell der exogenen, latenten Variablen *Leistungsfähigkeit* (nach Rudolf & Müller, 2012, S. 349)

Die Strukturgleichungen für das MM (Abb. 3.3) lauten:

$$Kognitionsindex = a_1 * Leistungsfähigkeit + e_1$$
$$Motorikindex = a_2 * Leistungsfähigkeit + e_2$$

Messmodelle + Strukturmodell = vollständiges Strukturgleichungsmodell

Alle MM der latenten Variablen *Leistungsfähigkeit* (Abb. 3.3), *Altersbild* und *Lebensqualität* werden im SM dieser Variablen (Abb. 3.2) verknüpft zu einem komplexen SGM. Faktorenanalytisch lassen sich diese Beziehungen ebenfalls aufzeigen (Tab. 3.5). Die Faktoren 1 und 2 erklären 64 % der latenten Variablen Leistungsfähigkeit (siehe Anhang 8.8).

Tabelle 3.5: rotierte Komponentenmatrix-Werte der latenten Variablen Leistungsfähigkeit

Faktoren	1. Motorik	2. Kognition
z-gesundheit	.732	
z-Motorik	.687	
z-physical	.836	
z-fluid		.769
z-kristallin		.797

Im Folgenden erweitert um das *subjektive Erleben* (*Emotionen, Lebenszufriedenheit*) wird das Konstrukt *Lebensqualität* beschrieben und faktorenanalytisch getestet (Tab. 3.6).

Lebenszufriedenheitsindex (z-lebenszufr) und *Emotionsindex* (z-emotion) laden auf Faktor 1, *z-Motorik*, *z-physical* und *z-gesund* laden hoch auf Faktor 2, *z-fluid* und *z-kristallin* laden hoch auf Faktor 3. Die Faktoren erklären 68 % der Gesamtvarianz von *Lebensqualität* (siehe Anhang 8.8), wobei der erste Faktor subjektives Erleben den größten Anteil aufklärt. Faktor 2 beschreibt die *Motorik* und Faktor 3 die *kognitiven Fähigkeiten*. Die dargestellten Koeffizienten (Faktorladungen) stellen ein Maß der formalen Validität der Konstrukts dar (Bollen 1989, S. 197). Da die Faktorladungen zufriedenstellend hoch sind, scheint die Zusammenfassung der manifesten Variablen zu drei latenten Variablen gerechtfertigt.

Tabelle 3.6: rotierte Komponentenmatrix-Werte der latenten Variablen Lebensqualität

Faktoren	1. subj.Erleben	2. Motorik	3. Kognition
z-gesundheit		.732	
z-Motorik		.687	
z-physical		.836	
z-fluid			.769
z-kristallin			.797
z-Emotion	.865		
z-Lebenszufr	.867		

Zusammengefasst lässt sich *Lebensqualität als Konstrukt nach Rietz und Rudinger* (2000, S. 28) mit den vorliegenden Daten abbilden, welches unter Kapitel 2.2 *Lebensqualität im Alter* beschrieben wurde. Es soll im Weiteren in das SGM (Ausgangsmodell) eingehen.

3.5 Hypothesen der latenten Variablen des SGM

Voraussetzung für die Aufstellung eines Pfaddiagramms und eines daraus folgendem SGM sind, wie schon erwähnt (Rudolf & Müller, 2012, S. 350), explizit formulierte Hypothesen (Tab. 3.7). Der generierte, theoretische Hintergrund über das Zusammenspiel der Faktoren bildet die Grundlage für die Hypothesen-Erstellung. Das daraus abgeleitete Modell soll zeigen, ob diese Annahmen sich durch die vorliegenden Daten bestätigen lassen.

Tabelle 3.7: Hypothesen über die Zusammenhänge im Strukturmodell

H1.	Eine hohe Leistungsfähigkeit, wirkt sich *nicht* positiv auf das Altersbild aus.
H2.	Eine hohe Leistungsfähigkeit erhöht das subjektive (positive) Erleben *nicht*.
H3.	Je leistungsfähiger, desto mehr Offenheit und Extraversion.
H4.	Positive subjektive Aspekte führen zu mehr Offenheit und Extraversion.
H5.	Eine offene, extrovertierte Persönlichkeit wirkt sich positiv auf das Altersbild aus.
H6.	Subjektive und objektive Aspekte stehen in *keinem* Zusammenhang.
H7.	Die Gesundheit wirkt sich auf das Altersbild aus.
H8.	Eine gute Motorik hat positiven Einfluss auf die fluide Intelligenz.
H9.	Eine gute Motorik hat *keinen* positiven Einfluss auf die kristalline Intelligenz.

Im Anhang unter 8.9 befinden sich die Hypothesen der manifesten Variablen, die bivariaten Korrelationen und die Ergebnisse der Hypothesentestungen.

4 Ergebnisse

4.1 Beurteilung der Schätzergebnisse

Bei der Beurteilung der Modellgüte unterscheidet man zwischen den Teilstrukturen und der Gesamtstruktur. Alle folgenden Signifikanzaussagen werden bei einem Niveau von .05 getroffen.

4.1.1 Bewertung der Teilstrukturen

Hierbei wird für jeden frei schätzbaren Parameter der Quotient gebildet von Schätzwert und Standardfehler. Diese Quotienten sollten alle signifikant sein. Das bedeutet, dass die Quotienten größer 2 sein müssen. Den Wert zeigt Amos unter *Estimates* als C.R. (Critical Ratio). Auf weiterführende Möglichkeiten soll hier nicht eingegangen werde.

4.1.2 Bewertung der Gesamtstruktur

Aus den verschiedenen Parametern, die Amos liefert, sollen hier drei zur Bewertung herangezogen werden:

1. Chi-Quadrat (χ^2)
   Es wird die Nullhypothese geprüft, ob die empirische Varianz-/Kovarianzmatrix der erwarteten Varianz-/Kovarianzmatrix entspricht, das heißt, dass ein nicht signifikantes Ergebnis positiv in Bezug auf die Modelleigenschaften zu werten ist. Bei, wie in dieser Studie, kleinen Stichprobenumfängen kann es sein, dass ein schlechtes Modell als zu gut bewertet wird. Das Verhältnis der Anzahl der Freiheitsgrade zum χ^2 Wert sollte $\chi^2 \leq 2.5 * df$ sein, um für eine gute Modellanpassung zu sprechen.

2. RMSEA (*Root Mean Square Error of Approximation*)
   Mit dem RMSEA wird ebenfalls das Verhältnis zwischen beobachteter und erwarteter Varianz-/Kovarianzmatrix gezeigt. Allerdings wird dieser Wert direkt durch die Freiheitsgrade beeinflusst: je höher die Freiheitsgrade, desto kleiner der Wert. Für den

RMSEA gelten folgende Werte:

- RMSEA $\leq$ .05 $\rightarrow$ gute Modellanpassung
- RMSEA $\leq$ .08 $\rightarrow$ akzeptable Modellanpassung
- RMSEA $\geq$ .10 $\rightarrow$ schlechte Modellanpassung

3. CFI (*Comparative Fit Index*)

   Beim CFI wird der aktuelle χ^2 Wert mit dem Nullmodell (wenn es keine Beziehung zwischen abhängigen und unabhängigen Variablen gibt) vorgenommen. Der CFI nimmt einen Wert zwischen 0 und 1 an. Bei guten Modellen ist der Wert nahe 1. Die Entscheidungsschwelle liegt bei CFI= .95.

Um zu einer begründeten Bewertung eines Modells zu gelangen, werden immer mehrere Bewertungskriterien (Indices, Korrelationen, theoretische Sinnhaftigkeit) herangezogen.

4.2 Ausgangsmodell

In einem ersten Schritt soll das *Modell zur Lebensqualität* von Rietz und Rudinger (2000, S. 28) als SGM erstellt werden, um die Gewichtungen der einzelnen Parameter zu betrachten.

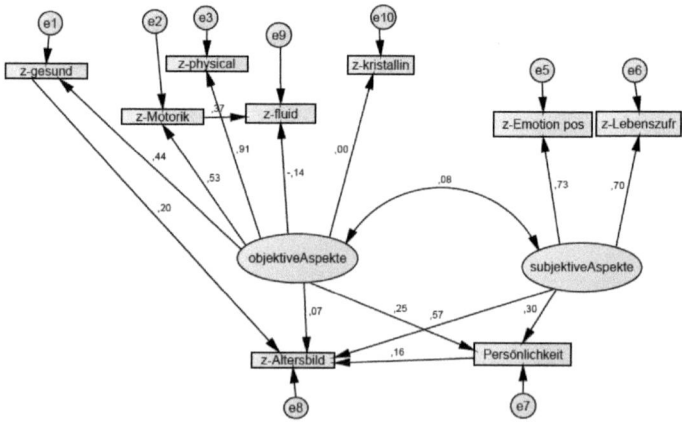

Abbildung 4.1: Ausgangsmodell basierend auf den Theorien von Rietz und Rudinger (2000)

Die Herangehensweise ist bei der Erstellung eines Modells konfirmatorisch. Zeigt sich das Modell als nicht ausreichend gut, kann im Weiteren exploriert werden. Das erstellte Ausgangsmodell (Abb. 4.1) stimmt nicht in annehmbaren Maße mit den Daten überein. Es hat einen ungenügenden Modell-Fit (siehe 8.10): χ^2(df= 21, N= 91)= 33.2, p<.05, CFI= .91, RMSEA= .08.

Um das Modell zu verbessern werden zwei Pfade entfernt bezugnehmend auf den Modification Index (Kapitel 8.10.2). Aufgrund fehlender signifikanter Korrelationen, beziehungsweise zu kleinem C.R. werden weitere Pfade entfernt (siehe Anhang 8.11.4). Dies steht in sinnhaftem Zusammenhang mit den Hypothesen der latenten Variablen.

4.3 Modifiziertes Modell

Das modifizierte Modell erklärt die Varianzen zufriedenstellend: χ^2(df= 12, N= 91)= 15.4, p<.05, CFI= .97, RMSEA= .056. C.R. in allen Teilstrukturen > 2.

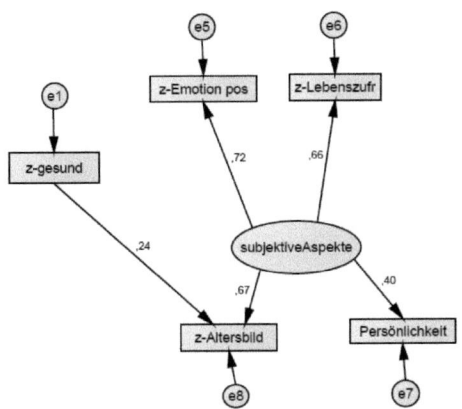

Abbildung 4.2: Modifiziertes Modell

Dieses Modell erklärt 50% der Varianz von *Altersbild*, welche sich nur zu 5% aus *Gesundheit* aber zu 45% aus *subjektiven Aspekten* zusammensetzt (siehe Abb. 4.2).

5 Interpretation der Ergebnisse

Die Studie hat zwei Ausrichtungen: zum einen soll das Konstrukt *Lebensqualität* erklärt werden und mit den vorliegenden Daten geprüft werden. Zum anderen soll gezeigt werden, welche Faktoren das persönliche Altersbild prägen. Es lässt sich vermuten, dass das eigene Altersbild die Lebensqualität im positiven wie im negativen Sinne verändern kann (siehe Kapitel 2.3). Dies ist von Bedeutung, da es unser Verhalten maßgeblich prägt und hier ein Ansatzpunkt sein könnte, um über diesen Weg die Lebensqualität positiv zu beeinflussen.

5.1 Bedeutung der subjektiven Aspekte

Das Modell von Rietz und Rudinger (2000) lässt sich mit den vorliegenden Daten bestätigen. Das sagt allerdings nichts darüber aus, in welchem Maße, das heißt mit welcher Gewichtung, die einzelnen Faktoren Einfluss nehmen auf die Qualität des Lebens im Alter. Um dies zu verdeutlichen ist das *Ausgangsmodell* (siehe Abb. 4.1) erstellt worden. Alle Faktoren, *objektive* und *subjektive Aspekte* mit ihren Operationalisierungen, sind mit eingegangen. Die Regressionsanalyse zeigt, dass es keinen signifikanten Zusammenhang zwischen den messbaren, objektiven Faktoren und den subjektiven gibt. Die Lebenszufriedenheit und die momentane emotionale Lage orientieren sich nicht signifikant an den Messwerten der Motorik und Kognition. Dieses Ergebnis steht im Gegensatz zu den Umfrageergebnissen von Bowling (2007, S. 296), die der Gesundheit den höchsten Stellenwert gibt (43 %).

Wie in Kapitel 2.4 betrachtet, schützt ein Individuum sein Selbstkonzept. Dazu werden im Alter *assimilative* und *akkomodative* Mechanismen genutzt. Die Realität kann transformiert werden (Baltes et al., 1990, S. 22). Eine Person kann demnach ihre Lebensqualität trotz gesundheitlicher Einschränkungen als hoch empfinden (Rietz & Rudinger, 2000, S. 28). In dem Ausgangsmodell zeigt sich, dass über 30% der Varianz des Altersbildes durch das subjektive Wohlbefinden erklärt wird, aber nur 0.4% durch objektive Messwerte.

Interventionen im Bereich 65+ beziehen sich zu einem großen Teil auf die Verbesserung der motorischen und kognitiven Leistungsfähigkeit (siehe auch Voelcker-Rehage et al., 2006;

Klusmann et al., 2011). Ebenso wird sozialen Aktivitäten eine Mediatorrolle gegeben (Herero & Extremera, 2010). Beeinflussen also die subjektiven Faktoren das Bild weitaus stärker als vielleicht bisher vermutet, so bietet sich hier eine weitere Möglichkeit des positiven Einwirkens. Die Ergebnisse können nicht generalisiert werden, da es sich bei den Probanden um Seniorinnen mit einem Motorik- und Kognitionslevel im mittleren bis hohen Bereich und nicht um einen einen repräsentativen Durchschnitt der älteren Bevölkerung handelt. Alle Probandinnen sind in der Lage, ein selbstbestimmtes Leben zu führen. Es kann vermutet werden, dass, um bei den Altersbildclustern von Huy und Thiel (2009; siehe Abb. 2.3) zu bleiben, im Teilnehmerpool ein höherer Anteil an *fitten Leistungshungrigen* befindet, als im Bevölkerungsdurchschnitt. Dies lässt sich aufgrund des betriebenen Tanzsports und der proaktiven Teilnahme annehmen.

5.2 Einfluss der Persönlichkeit

Entgegen der Annahme, dass die Persönlichkeitsmerkmale *Offenheit* und *Extraversion* das Altersbild positiv beeinflussen, gibt es keinen korrelativ signifikanten Zusammenhang, zieht man beide in einer latenten Variablen *Persönlichkeit* zusammen, wie in dieser Arbeit geschehen. Das kann zweierlei bedeuten. (1) Diese Merkmale beeinflussen generell nicht das persönliche Altersbild oder (2) alle Probandinnen zeichnen sich durch ein im Durchschnitt zur Bevölkerung höheres Maß an genannten Merkmalen aus. Dies ließe sich ebenfalls durch die Teilnehmerinnen-Auswahl begründen.

Ein differenzierteres Bild ergibt sich, wenn *Offenheit* und *Extraversion* getrennt betrachtet werden. Hier zeigt sich, dass es einen Zusammenhang zwischen *Offenheit* und dem *Altersbild* gibt, aber nicht zwischen *Extraversion* und *Altersbild.* Möglicherweise ist es wichtiger Neugierde zu zeigen und Interessen zu haben, als extrovertiert zu sein.

5.3 Einfluss von Gesundheit auf die Lebenszufriedenheit

Die Hypothese, dass es einen signifikanten Zusammenhang zwischen Gesundheit und Lebenszufriedenheit gibt, konnte nicht bestätigt werden. Dies deckt sich mit den in Kapitel 5.1 gemachten Überlegungen über die Mechanismen der *Akkomodation* und *Assimilation.* Es wird angepasst und umgedeutet, um die Ist-Soll-Diskrepanz nicht zu groß werden zu lassen.

5.4 Fluide und kristalline Intelligenz in Bezug auf motorische Fähigkeiten

Es ließ sich ein signifikanter Zusammenhang zwischen der fluiden Intelligenz und der Motorik aufzeigen. Wie in Kapitel 3.3.6 erläutert, ist die fluide Intelligenz stärker mit der gegenwärtigen Situation assoziiert als mit dem Alter oder dem Gesundheitszustand. Dieser Teil der Intelligenz lässt sich durch Sport verbessern (Voelcker-Rehage et al., 2010, S. 171). Daher verwundert es nicht, dass hohe Werte in der Motorik mit hohen Werten in der fluiden Komponente der Kognition korrelieren. Keinen signifikanten Einfluss hat die motorische Leistung auf die kristalline Intelligenz, die stärker mit den soziografischen Gegebenheiten zusammenhängt. Das, was allgemein als Wissen beschrieben wird, hängt nicht zusammen mit der körperlichen Fitness. Es handelt sich hier eben um die Komponente, die über die Lebensspanne anfangs zunimmt und erst spät, im Rahmen eines allgemeinen Abbaus, abnimmt.

Beide Intelligenzformen spielen allerdings keine Rolle im *modifizierten Modell* des SGM und sind demzufolge nicht signifikant an der Varianzaufklärung des persönlichen *Altersbildes* beteiligt. Das eigene Bild vom Alter wird nicht durch die messbaren kognitiven Fähigkeiten geprägt.

6 Diskussion

Das Altersbild der Gesellschaft muss sich weiter ändern, in dem Maße, wie sich das Altern über die Zeit ändert. Es muss weg von der Sicht der *demografischen Zeitbomben* hin zu *Mitgestaltern in einem Umfeld, indem sie sich wertgeschätzt fühlen* (Tügel, 2012, S. 52) gehen. Es gibt durchaus vielfältige Angebote für ältere Menschen, die nicht nur als Ziel die Verbesserung der körperlichen und kognitiven Funktionen haben, sondern Interessen fördern und zur gesellschaftlichen Teilhabe auffordern. Besondere Angebote für eine gesellschaftliche Gruppe, die der Älteren, dürfen allerdings auch nicht zur Abgrenzung führen: hier die Jungen, dort die Alten. Es soll vielmehr ein akzeptierendes Miteinander gefördert und Potenziale auf beiden Seiten entdeckt werden.

So heterogen das Alter ist, so verschieden sind auch die persönlichen Bedürfnisse. Die Annahme, alle älteren Menschen wollen gleichstark gesellschaftlich aktiv sein und auf dieselbe Art das Alter leben, lässt sich, bezogen auf die unterschiedlichen Cluster von Huy und Thiel (Abb. 2.3), schon negieren. Statt Interventionen für alle gleich anzubieten, ist ein Pool an Optionen, für alle zugänglich, wünschenswert.

Man muss sich allerdings im Klaren sein, dass es sich insgesamt um ein multifaktorielles Geschehen handelt, das von vielen Seiten betrachtet werden kann und muss. Die bekannte Aussage *Mens sana in corpore sano* sagt viel über den Sinn einer ganzheitlichen Betrachtung aus. Der Ansatzpunkt für Lebensqualität im Alter ist in einem Bereich zu suchen, der sich schwer messen lässt. So lässt sich eine allgemeine Aussage nur über die Werte machen, die bedient werden müssten wie (1) Sinnhaftigkeit, (2) Anerkennung, Wertschätzung, Platz in der Gesellschaft, (3) Förderung und Forderung. In welchem Maße der ältere Mensch gebotene Möglichkeiten annimmt, hängt unter anderem mit seiner Persönlichkeit und seinem eigenen Altersbild zusammen (siehe Kapitel 2.3).

Es scheint eine Art Regelkreis zu existieren. Ein *positiv-optimistisches* Bild (Huy& Thiel, 2009, S. 123) erhöht die Wahrscheinlichkeit Handlungsspielräume zu erkennen und sie zu nutzen, um selbstverantwortlich individuelle Bedürfnisse zu befriedigen. Diese Handlungsfähigkeit ist wichtig für ein positives Selbstbild (Wahl et al., 2008, S. 10), was wiederum ein wichtiger Punkt in der Bewertung der *Lebenszufriedenheit* ist, welche zu den *subjektiven Aspekten* gezählt wird. Eine höhere Lebenszufriedenheit hat wieder, über die subjektiven Aspekte, einen positiven Einfluss auf das persönliche Altersbild. Letztendlich sollte die Gesellschaft es ihren Mitgliedern in jedem Alter ermöglichen, sich ein positives Konzept *ihrer Selbst* bauen zu können und so zu einer *Ich-Integrität* zu gelangen (Erickson, 1971, S. 263). Die Antwort auf die Frage „Wer bin ich?" lässt sich sicher nicht allein mit Gymnastik und Gedächtnistraining finden. Seinen Platz in der Gesellschaft finden, aus der Erfahrung der oben genannten Werte heraus, kann ein Weg sein, ein positives Selbstkonzept zu entwickeln. Die Gesellschaft sollte sich als Ganzes begreifen, zusammengesetzt aus verschiedenen Teilen mit verschiedenen Bedürfnissen, ohne daraus eine Wertung von gut oder schlecht, brauchbar oder unbrauchbar zu ziehen.

Es kann Mut machen, dass die Lebensqualität im Alter mehr bedeutet als nur *die Summe der* (messbaren) *Fähigkeiten*. Lebensqualität ist ein Konstrukt, dass, wie in Kapitel 4 gezeigt, über die subjektiven Aspekte fast die Hälfte der Varianz (45%) des eigenen Altersbildes erklärt. Somit kann die *Qualität des Lebens im Alter*, neben oder trotz eines Abbaus in vielen Bereichen der Motorik und Kognition, gefunden werden.

7 Fazit und Ausblick

Das Ergebnis dieser Arbeit macht deutlich, dass, will man die Qualität des Lebens im Alter erhöhen, man, wie schon in Kapitel 6 erwähnt, einen multifaktoriellen Ansatz braucht. Eine Kernaussage dieser Studie ist, dass sich mit Erhöhen der motorischen und kognitiven Fähigkeiten, nicht zwangsläufig auch die Lebensqualität in gleichem Maße erhöht. Insofern kann es zum einen positiv bewertet werden, dass auch mit nachlassenden Funktionen ein erfülltes Leben möglich ist, zum anderen liegt hier aber auch eine Aufgabe der Gesellschaft, Möglichkeiten zu schaffen, Bedürfnisse zu befriedigen, die außerhalb von *Leistung* liegen. Der Wunsch nach Bedeutsamkeit für die Gesellschaft im Rahmen der eigenen Möglichkeiten sollte dabei beachtet werden. Langfristig wird sich das gesellschaftliche Altersbild ändern, mit positiven Folgen für die eigene Sicht aufs Alter.

Diese Studie kann nur einen Ansatz liefern, da es sich, wie schon mehrfach erwähnt, bei den Probandinnen um keinen repräsentativen Bevölkerungsdurchschnitt handelt und somit eine Generalisierung der Ergebnisse nicht möglich ist. Wohl aber kann hier der Ausgangspunkt sein für weitere Forschungen. (1) So stellt sich die Frage, wie die ältere, männliche Bevölkerung die Gewichtung der objektiven und subjektiven Aspekte setzen würde. Es handelt sich bei den Teilnehmerinnen um gesunde Personen. (2) Wo liegen die messbaren Grenzen in Motorik und Kognition, wo Defizite doch an Relevanz gewinnen? (3) Es wäre ebenso eine getrennte Betrachtung der *jungen Alten*, *mittleren Alten* und *Hochaltrigen* interessant, wobei insbesondere letzte Gruppe in dieser Studie unterrepräsentiert ist. (4) Zu einer vertiefenden Sichtweise sollte zusätzlich auf Methoden der qualitativen Forschung zurückgegriffen werde. Diese Studie gibt nur einen Überblick, der das individuelle Erleben nicht widerspiegelt. Für ein ganzheitliches Verständnis wäre dies sinnvoll.

Literaturverzeichnis

Baltes, P. B. (1996). Über die Zukunft des Alterns: Hoffnung mit Trauerflor. In *M. Baltes and L. Montada (Hrsg.): Produktives Leben im Alter* (S. 29-68). Frankfurt: Campus Verlag.

Baltes, P. B., Baltes, M. M., Baltes, P. & Baltes, M. (1990). Psychological perspectives on successful aging: The model of selective optimization with compensation. *Successful aging: Perspectives from the behavioral sciences, 1*, 1-34.

Baltes, P. B., Lindenberger, U. & Staudinger, U. M. (1998). *Life span theory in developmental psychology.* (Zugriff am 12.03.2014. Verfügbar in Wiley Online Library)

Bollen, K. A. (1989). A new incremental fit index for general structural equation models. *Sociological Methods & Research, 17*(3), 303-316. (Zugriff am 24.03.2014. Verfügbar in Sage Publications Database)

Bowling, A. (2008). Enhancing later life: how older people perceive active ageing? *Aging and Mental Health, 12*(3), 293-301. (Zugriff am 12.03.2014. Verfügbar in Taylor & Francis Online Database)

Brandtstädter, J. & Greve, W. (1994). The aging self: Stabilizing and protective processes. *Developmental review, 14*(1), 52-80. (Zugriff am 22.03.2014. Verfügbar in Elsevier Datenbank)

Bundestag, D. (2010). *Sechster Bericht zur Lage der älteren Generation in der Bundesrepublik Deutschland: Altersbilder in der Gesellschaft und Stellungnahme der Bundesregierung.* [Drucksache 17/3815].Berlin: Deutscher Bundestag.

Cooper, H., Okamura, L. & Gurka, V. (1992). Social activity and subjective well-being. *Personality and Individual Differences, 13*(5), 573-583. (Zugriff am 22.03.2014. Verfügbar in Elsevier Datenbank)

Diener, E., Emmons, R. A., Larsen, R. J. & Griffin, S. (1985). The satisfaction with life scale. *Journal of personality assessment, 49*(1), 71-75. (Zugriff am 12.03.2014. Verfügbar in Taylor & Francis Online Database)

Dittmann-Kohli, F., Kohli, M., Kühnemund, H., Motel, A. & Westerhof, C. S. . G. (1997). *Lebenszusammenhänge, Selbst-und Lebenskonzeptionen–Erhebungsdesign und Instru-*

mente des Alters-Survey (Bd. 61). Forschungsgruppe Altern und Lebenslauf (FALL), [Forschungsbericht].Freie Universität Berlin.

Erikson, E. H. (1971). *Kindheit und Gesellschaft* (2.überarbeitete Aufl.). Stuttgart: Klett-Cotta.

Fröhlich, W. D. (2011). *Wörterbuch Psychologie.* München: Deutscher Taschenbuch Verlag.

Gerlitz, J.-Y. & Schupp, J. (2005). Zur Erhebung der Big-Five-basierten Persönlichkeitsmerkmale im SOEP. *DIW Research Notes, 4.* (Zugriff am 28.02.2014 unter http://www.diw.de/)

Greve, W. & Wentura, D. (2003). Immunizing the self: Self-concept stabilization through reality-adaptive self-definitions. *Personality and Social Psychology Bulletin, 29*(1), 39-50. (Zugriff am 12.03.2014. Verfügbar in Sage Publications)

Haller, M. & Müller, B. (2006). Merkmale der Persönlichkeit und Identität in Bevölkerungsumfragen. *ZUMA-Nachrichten, 59*(30), 9-41.

Hamilton, D. L. & Gifford, R. K. (1976). Illusory correlation in interpersonal perception: A cognitive basis of stereotypic judgments. *Journal of Experimental Social Psychology, 12*(4), 392-407. (Zugriff am 22.03.2014. Verfügbar in Elsevier Datenbank)

Havighurst, R. J. (1980). Life-span developmental psychology and education. *Educational researcher, 9*(10), 3-8. (Zugriff am 12.03.2014. Verfügbar in JSTOR Datenbank)

Howard, H. & Cortés, H. (2004). *Erwartungen von Andersartigkeit. Erklärungsansätze aus der Stereotypen-und Vorurteilsforschung.* München: GRIN Verlag.

Huy, C. & Thiel, A. (2009). Altersbilder und Gesundheitsverhalten. *Zeitschrift für Gesundheitspsychologie, 17*(3), 121-132.

Kessler, E.-M. & Staudinger, U. M. (2009). Affective experience in adulthood and old age: The role of affective arousal and perceived affect regulation. *Psychology and aging, 24*(2), 349. (Zugriff am 12.03.2014. Verfügbar in PsycARTICLES Database)

Keupp, H. (2002). Identitäten in der Ambivalenz der postmodernen Gesellschaft. *Vortrag beim 6. Benediktbeurer Herbstforum,* 1-33.

Keupp, H., Ahbe, T., Gmür, W., Höfer, R., Mitzscherlich, B., Kraus, W., Straus, F. et al.. (2002). *Identitätskonstruktionen* (2. Aufl.). Reinbek/Hamburg: Rowohlt.

Klusmann, V., Evers, A., Schwarzer, R. & Heuser, I. (2011). Activity experiences shape perceived fitness trajectories: Results from a 6-month randomized controlled trial in older women. *Aging, Neuropsychology, and Cognition, 18*(3), 328-339.

Kray, J. & Lindenberger, U. (2007). Kognitive Funktionen. In J. Brandtstädter & U. Lindenberger (Hrsg.), *Entwicklungspsychologie der Lebensspanne: ein Lehrbuch* (S. 194-220). Stuttgart: Kohlhammer.

Kruse, A. & Wahl, H. (1999). II. Persönlichkeitsentwicklung im Alter. *Zeitschrift für Gerontologie und Geriatrie, 32*(4), 279-293.

Li, S.-C., Lindenberger, U., Hommel, B., Aschersleben, G., Prinz, W. & Baltes, P. B. (2004). Transformations in the couplings among intellectual abilities and constituent cognitive processes across the life span. *Psychological Science, 15*(3), 155-163. (Zugriff am 02.03.2014. Verfügbar in SAGE Publications)

Lindenberger, U. (2000). Intellektuelle Entwicklung über die Lebensspanne: Überblick und ausgewählte Forschungsbrennpunkte. *Psychologische Rundschau, 51*(3), 135-145.

Meisner, B. A. (2012). A meta-analysis of positive and negative age stereotype priming effects on behavior among older adults. *The Journals of Gerontology Series B: Psychological Sciences and Social Sciences, 67*(1), 13-17.

Meyer, T. & Greve, W. (2012). Die Entwicklungsbedingungen der Adaptivität. *Zeitschrift für Gesundheitspsychologie, 20*(1), 27-38.

Motel-Klingebiel, A., Wurm, S., Engstler, H., Huxhold, O., Jürgens, O., Mahne, K., Schöllgen, I., Wiest, M. & Tesch-Römer, C. (2009). Deutscher Alterssurvey-die zweite Lebenshälfte: Erhebungsdesign und Instrumente der dritten Befragungswelle. (Zugriff am 20.02.2014 unter http://nbn-resolving.de/)

Pavot, W. & Diener, E. (1993). Review of the satisfaction with life scale. *Psychological assessment, 5*(2), 164. (Zugriff am 12.03.2014. Verfügbar in PsycARTICLES Database)

Petersen, L.-E. (2008). Die Theorie der sozialen Identität. In L. E.Petersen and B. Six:. In *Stereotype, Vorurteile und soziale Diskriminierung* (S. 223-230). Weinheim: Beltz.

Rietz, C. & Rudinger, G. (2000). Aspekte der subjektiven und objektiven Lebensqualität: Lebenszufriedenheit im Rahmen interdisziplinärer Modellbildung. In *Aspekte der Entwicklung im mittleren und höheren Lebensalter* (S. 28-46). Darmstadt: Steinkopff.

Rudolf, M. & Müller, J. (2012). *Multivariate Verfahren: eine praxisorientierte Einführung mit Anwendungsbeispielen in SPSS*. Göttingen: Hogrefe.

Schmitt, P. D. E. (2004). Aktives Altern, Leistungseinbußen, soziale Ungleichheit und Altersbilder. *Zeitschrift für Gerontologie und Geriatrie, 37*(4), 280-292.

Simon, W. (2006). *Persönlichkeitsmodelle und Persönlichkeitstests: 15 Persönlichkeitsmodelle für Personalauswahl, Persönlichkeitsentwicklung, Training und Coaching*. Offenbach: GABAL.

Staudinger, U. & Schindler, I. (2002). Produktivität und gesellschaftliche Partizipation im Alter. In B. S. . K. Megel (Hrsg.), *Mobilität und gesellschaftliche Partizipation im Alter* (S. 64-86). Stuttgart: Kohlhammer.

Staudinger, U. M. & Kunzmann, U. (2005). Positive adult personality development. *European*

Psychologist, 10(4), 320-329.

Trautmann, M., Voelcker-Rehage, C. & Godde, B. (2011). Alter und Altern im Kontext der Arbeit. In *Den demografischen Wandel meistern: eine Frage der Passung* (S. 17-36). Bielefeld: Bertelsmann.

Tügel, H. (2012). Das Alter auf der Couch. *GEO*(12), 52.

Voelcker-Rehage, C., Godde, B. & Staudinger, U. M. (2006). Bewegung, körperliche und geistige Mobilität im Alter. *Bundesgesundheitsblatt-Gesundheitsforschung-Gesundheitsschutz, 49*(6), 558-566.

Voelcker-Rehage, C., Godde, B. & Staudinger, U. M. (2010). Physical and motor fitness are both related to cognition in old age. *European Journal of Neuroscience, 31*(1), 167-176. (Zugriff am 12.02.2014. Verfügbar in Wiley Online Library)

Wahl, H.-W., Diehl, M., Kruse, A., Lang, F. R. & Martin, M. (2008). Psychologische Alternsforschung: Beiträge und Perspektiven. *Psychologische Rundschau, 59*(1), 2-23.

Wiesmann, U. & Hannich, H.-J. (2008). A salutogenic view on subjective well-being in active elderly persons. *Aging and Mental Health, 12*(1), 56-65. (Zugriff am 12.03.2014. Verfügbar in Taylor & Francis Online Database)

Wilson, T. P. (1980). Theorien der Interaktion und Modelle soziologischer Erklärung. In *Alltagswissen, Interaktion und gesellschaftliche Wirklichkeit* (S. 54-79). Hamburg: Springer.

8 Anhang

8.1 Emotionstypen

Zuordnungen der unter Eigenschaften zu den unterschiedlichen Emotionstypen (faktorenanalytisch generiert; Kessler & Staudinger, 2009, S.353)

Emotionen	Faktoren
heiter/ gelassen entspannt ruhend ungezwungen	**positiv/ niedrig erregt**
beschwingt begeistert aufgeregt euphorisch	**positiv/ hoch-erregt**
niedergeschlagen lethargisch mutlos träge	**negativ/ niedrig-erregt**
verdrießlich nervös beunruhigt ängstlich	**negativ/ hoch-erregt**

8.2 Altersdimensionen

Items persönliche Einstellung zu Aspekten des Alter(n)s (Huy & Thiel, 2009, S. 125)

Faktor	Items (Faktorladungen)
1	– Auch im Alter sollte man an seiner Fitness arbeiten, um die Dinge tun zu können, die man gerne tun möchte (0.78)
	– Im Alter braucht man regelmäßige körperliche Aktivität, um sich rundum wohl zu fühlen (0.74)
	– Körperliche Bewegung ist sehr wichtig für die Gesundheit im Alter (0. 71)
	– Sportliche Betätigung zögert das Altern hinaus (0.61)
	– Im Alter sollte man an körperlichen Aktivitäten teilnehmen, auch wenn man anfälliger für Verletzungen ist (0.58)
	– Um seine Gesundheit im Alter zu erhalten, sollte man sich täglich mindestens zwanzig Minuten bewegen (0.55)
	– Im Alter sollte man ganz besonders auf eine gesunde Ernährung achten (0.51)
2	– Im Alter sollte man sich mit den Leistungseinbußen des Körpers abfinden (0.61)
	– Ältere Menschen sollten eher zu bequemer Kleidung greifen, als mit der Mode zu gehen (0.60)
	– Sportliche Betätigung von Älteren kann auf andere oft seltsam wirken (0.57)
	– Im Alter sollte man sich nicht mehr ausgefallen kleiden (0.50)
	– Ältere Menschen scheinen sich häufig nicht wohl in ihrem Körper zu fühlen (0.45)
	– Im Alter ist es das Wichtigste, für die Familie da zu sein (0.43)
	– Um gesund zu bleiben, sollte man sich mit zunehmendem Alter immer stärker körperlich schonen (0.40)
3	– Im Alter kommt es nicht mehr so darauf an, ob man raucht oder mal einen über den Durst trinkt (0.36)
	– Ältere Menschen sind häufiger erschöpft und kraftlos als voller Energie (0.62)
	– Altern geht zwangsläufig mit einer Zunahme von Erkrankungen einher (0.59)
	– Für ältere Menschen ist es sehr schwer, unabhängig zu bleiben (0.57)
	– Die Anzahl sozialer Kontakte nimmt im Alter zwangsläufig ab (0.55)
	– Im Alter wird das Leben zwangsläufig weniger abwechslungsreich (0.55)
	– Gerade im Alter scheint die körperliche Gesundheit am meisten durch den Zufall bedingt zu sein (0.48)
	– Anscheinend nimmt man im Alter unweigerlich an Gewicht zu (0.28)
	– Die körperliche Gesundheit im Alter scheint hauptsächlich vom Handeln der Ärzte abhängig zu sein (0.48)
4	– Auch im Alter kann man körperliche Höchstleistungen erbringen (0.76)
	– Auch für ältere Menschen spielt die körperliche Leistungsfähigkeit eine besondere Rolle (0.47)
	– Auch im Alter kann man sich noch körperlich anziehend finden (0.45)
	– Im Alter sollte man das Leben in vollen Zügen genießen (0.30)
5	– Ein sportliches Outfit kann man in jedem Alter tragen (0.25)
	– Gerade ältere Menschen sollten sich besonders um ihre äußere Erscheinung kümmern (0.67)
	– Ältere Menschen sollten versuchen, die negativen Seiten ihres Körpers so gut wie möglich zu verbergen (0.51)
	– Auch für ältere Menschen schickt es sich, sich figurbetont anzuziehen (0.44)

Anmerkungen: Faktor 1: „Körperliche Aktivität und gesunde Ernährung sind die Voraussetzungen für Fitness und Gesundheit im Alter." Faktor 2: „Zurückhaltung und Unauffälligkeit sind angemessene Verhaltensweisen für das Alter." Faktor 3: „Körperliche Einbußen und Abhängigkeit sind die Normalität des Alters." Faktor 4: „Körperliche Leistung ist mit dem Alter vereinbar." Faktor 5: „Ein attraktives Erscheinungsbild ist mit dem Alter vereinbar."

8.3 Items Lebenszufriedenheit SWLS

SWLS (Satisfaction with Life Scale) von Diener, Emmons, Larsen & Griffin (1985).

Die folgenden Aussagen beziehen sich auf den Zeitabschnitt der letzten Wochen. Wenn Sie diesen Zeitraum ganz allgemein betrachten, inwieweit stimmen Sie mit den Aussagen überein?

	stimme völlig zu	stimme zu	stimme eher zu	weder/ noch	stimme eher nicht zu	stimme nicht zu	stimme überhaupt nicht zu
1. In den meisten Bereichen entspricht mein Leben meinen Idealvorstellungen.	☐	☐	☐	☐	☐	☐	☐
2. Meine Lebensbedingungen sind ausgezeichnet.	☐	☐	☐	☐	☐	☐	☐
3. Ich bin mit meinem Leben zufrieden.	☐	☐	☐	☐	☐	☐	☐
4. Bisher habe ich die wesentlichen Dinge erreicht, die ich mir für mein Leben wünsche.	☐	☐	☐	☐	☐	☐	☐
5. Wenn ich mein Leben noch einmal leben könnte, würde ich kaum etwas ändern.	☐	☐	☐	☐	☐	☐	☐

8.4 Item 1 bis 41 der Emotionsskala

8.4.1 Item 1 bis 11 der Emotionsskala

In den letzten Wochen habe ich mich so gefühlt...

Im Folgenden sehen Sie eine Liste mit Wörtern, die Gefühle und Empfindungen beschreiben. Bitte geben Sie an, in welchem Ausmaß Sie sich **in den letzten Wochen** so gefühlt haben. Tragen Sie in jedes der Kästchen eine Zahl zwischen 1 (=Ich habe mich sehr wenig so gefühlt) und 5 (=Ich habe mich sehr stark so gefühlt) ein.
Mit den Zahlen zwischen 1 und 5 können Sie Ihre Meinung abstufen.

sehr wenig   sehr stark

1 — 2 — 3 — 4 — 5

*Bitte eine Zahl
zwischen 1-5 pro Kästchen*

⇓

1. nervös ☐
2. gelassen ☐
3. schwerfällig ☐
4. begeistert ☐
5. angespannt ☐
6. locker ☐
7. träge ☐
8. erfreut ☐
9. besorgt ☐
10. entspannt ☐
11. matt ☐

8.4.2 Item 12 bis 21 der Emotionsskala

In den letzten Wochen habe ich mich so gefühlt...

sehr wenig   sehr stark

1 — 2 — 3 — 4 — 5

12. freudig ☐

13. ängstlich ☐

14. in sich ruhend ☐

15. schlapp ☐

16. voller Elan ☐

17. unruhig ☐

18. gelöst ☐

19. energielos ☐

20. euphorisch ☐

21. verärgert ☐

Emo_poshigh (Emo_4, Emo_8, Emo_12, Emo_20)
Emo_poslow (Emo_2, Emo_6, Emo_10, Emo_14)
Emo_neghigh (Emo_9, Emo_13, Emo_17, Emo_21)→ Emo_negh_rek
Emo_neglow (Emo_7, Emo_11, Emo_15, Emo_19)→ Emo_negl_rek

8.4.3 Item 22 bis 31 der Emotionsskala

In den letzten Wochen habe ich mich so gefühlt...

Im Folgenden sehen Sie wiederum eine Liste mit Wörtern, die Gefühle und Empfindungen beschreiben. Bitte geben Sie an, in welchem Ausmaß Sie sich **in den letzten Wochen** so gefühlt haben. Tragen Sie in jedes der Kästchen eine Zahl zwischen **1** (=Ich habe mich sehr wenig so gefühlt) **und 5** (=Ich habe mich sehr stark
so gefühlt) ein.

trifft überhaupt nicht zu   trifft sehr zu

1 — 2 — 3 — 4 — 5

Bitte eine Zahl
zwischen 1-5 pro Kästchen

⇓

22. unglücklich ☐

23. froh ☐

24. inaktiv ☐

25. wach ☐

26. traurig ☐

27. glücklich ☐

28. schläfrig ☐

29. unermüdlich ☐

30. niedergeschlagen ☐

31. zufrieden ☐

8.4.4 Item 32 bis 41 der Emotionsskala

In den letzten Wochen habe ich mich so gefühlt...

trifft überhaupt nicht zu   trifft sehr zu

$$1 - 2 - 3 - 4 - 5$$

32. passiv ☐

33. aktiviert ☐

34. deprimiert ☐

35. heiter ☐

36. bewegungslos ☐

37. angeregt ☐

38. mies ☐

39. gut gelaunt ☐

40. reglos ☐

41. aktiv ☐

Emo_pos   (Emo_23, Emo_27, Emo_31, Emo_35, Emo_39)
Emo_neg   (Emo_22, Emo_26, Emo_30, Emo_34, Emo_38)→ Emo_neg_rek
Emo_high (Emo_25, Emo_29, Emo_33, Emo_37, Emo_41)→ entfällt
Emo_low   (Emo_24, Emo_28, Emo_32, Emo_36, Emo_40) → entfällt

Gesamtindex positiver Emotionen → Emotion_pos

ICH8

8.5 Items Persönlichkeit nach dem NEO FFI

Im Folgenden sind Eigenschaften aufgelistet, mit denen Menschen sich selbst beschreiben. Bitte geben Sie an, inwieweit jede dieser Eigenschaften auf Sie persönlich zutrifft. Um Ihre Meinung abzustufen, sollen Sie dieses Mal dazu eine **Zahl zwischen** **1** (=trifft gar nicht zu) **und 7** (=trifft voll und ganz zu) angeben.

trifft gar nicht zu   trifft voll und ganz zu

1 — 2 — 3 — 4 — 5 — 6 — 7

Ich bin jemand, der...   *Bitte eine Zahl*
                                 zwischen 1-7 pro Kästchen

1. ...kommunikativ, gesprächig ist
2. ...sich oft Sorgen macht
3. ...künstlerische, ästhetische Erfahrungen schätzt
4. ...leicht nervös wird
5. ...manchmal etwas grob zu anderen ist
6. ...Streit anfängt
7. ...gründlich arbeitet
8. ...originell ist, neue Ideen einbringt
9. ...angespannt sein kann
10. ...eher faul ist
11. ...Aufgaben wirksam und effizient erledigt
12. ...einfallsreich ist
13. ...zurückhaltend ist
14. ...kalt und distanziert ist

trifft gar nicht zu   trifft voll und ganz zu

1 — 2 — 3 — 4 — 5 — 6 — 7

15....eher unorganisiert ist ☐

16....nicht leicht aus der Ruhe zu bringen ist ☐

17....verzeihen kann ☐

18....entspannt ist, mit Stress gut umgehen kann ☐

19....rücksichtsvoll und freundlich mit anderen umgeht ☐

20....bis zum Ende einer Aufgabe durchhält ☐

21....eine lebhafte Phantasie, Vorstellung hat ☐

22....eher ruhig ist ☐

23....aus sich herausgehend, gesellig ist ☐

24....gern reflektiert, mit Ideen spielt ☐

25....sich manchmal gehemmt fühlt, schüchtern ist ☐

Recodierung der Items

Neo_5, Neo_6, Neo_10, Neo_13, Neo_14, Neo_15, Neo_16, Neo_18, Neo_22, Neo_25 in Neo_5_rec, Neo_6_rec, Neo_10_rec, Neo_13_rec, Neo_14_rec, Neo_15_rec, Neo_16_rec, Neo_18_rec, Neo_22_rec, Neo_25_rec

Skalenzuordnung

Neo_Extraversion (Neo_1, Neo_23, Neo_25_rec, Neo_22_rec, Neo_13_rec)
Neo_Neurotizismus (Neo_2, Neo_4, Neo_9, Neo_18_rec, Neo_16_rec)
Neo_OffenfuerErfah (Neo_3, Neo_8, Neo_12, Neo_21, Neo_24)
Neo_Vertraeglichkeit (Neo_19, Neo_17, Neo_6_rec, Neo_14_rec, Neo_5_rec)
Neo_Gewissenhaftigkeit (Neo_7, Neo_11, Neo_20, Neo_10_rec, Neo_15_rec)

8.6 Items persönliches Altersbild

http://www.dza.de/fileadmin/dza/pdf/Diskussionspapier_Nr_48.pdf[16.12.2013]

	Trifft genau zu	Trifft eher zu	Trifft eher nicht zu	Trifft gar nicht zu
1. Älterwerden bedeutet für mich, dass ich weiterhin viele Ideen realisieren kann.	☐4	☐3	☐2	☐1
2. Älterwerden bedeutet für mich, dass sich meine Fähigkeiten erweitern.	☐4	☐3	☐2	☐1
3. Älterwerden bedeutet für mich, dass ich weniger respektiert werde.	☐4	☐3	☐2	☐1
4. Älterwerden bedeutet für mich, dass mein Gesundheitszustand schlechter wird.	☐4	☐3	☐2	☐1
5. Älterwerden bedeutet für mich, dass ich mich häufiger einsam fühle.	☐4	☐3	☐2	☐1
6. Älterwerden bedeutet für mich, dass ich genauer weiß, was ich will.	☐4	☐3	☐2	☐1
7. Je älter ich werde, desto schlimmer wird alles.	☐4	☐3	☐2	☐1
8. Ich habe noch genauso viel Schwung wie letztes Jahr.	☐4	☐3	☐2	☐1
9. Je älter ich werde, desto weniger nützlich bin ich.	☐4	☐3	☐2	☐1
10. Mit zunehmendem Alter ist mein Leben besser, als ich erwartet habe.	☐4	☐3	☐2	☐1
11. Ich bin jetzt genauso glücklich, wie ich es in jungen Jahren war.	☐4	☐3	☐2	☐1
12. Älterwerden bedeutet für mich, dass ich besser mit meinen körperlichen Schwä-	☐4	☐3	☐2	☐1
13. Älterwerden bedeutet für mich, dass ich weiterhin viele Pläne mache.	☐4	☐3	☐2	☐1
14. Älterwerden bedeutet für mich, dass ich nicht mehr so belastbar bin.	☐4	☐3	☐2	☐1

15. Älterwerden bedeutet für mich, dass ich nicht mehr so recht gebraucht werde.	$\square_4$	$\square_3$	$\square_2$	$\square_1$
16. Älterwerden bedeutet für mich, dass ich weiter-hin in der Lage bin, neue Dinge zu	$\square_4$	$\square_3$	$\square_2$	$\square_1$
17. Älterwerden bedeutet für mich, dass ich mich mit der Zeit häufiger langweile.	$\square_4$	$\square_3$	$\square_2$	$\square_1$
18. Älterwerden bedeutet für mich, dass ich körperliche Einbußen schlechter ausglei-	$\square_4$	$\square_3$	$\square_2$	$\square_1$
19. Älterwerden bedeutet für mich, dass ich mich selbst genauer kennen und besser	$\square_4$	$\square_3$	$\square_2$	$\square_1$
20. Älterwerden bedeutet für mich, weniger vital und fit zu sein.	$\square_4$	$\square_3$	$\square_2$	$\square_1$
21. Älterwerden bedeutet für mich, dass ich vielen Dingen gegenüber gelassener werde.	$\square_4$	$\square_3$	$\square_2$	$\square_1$

Folgende Items wurden rekodiert:

3/4/5/7/9/14/15/17/18/20

Item 11 wurde wegen unklarer Ausrichtung herausgenommen.

Die neue Variable heißt: Altersbild_mean → z-altersbild

8.7 Krankheiten

Kreuzen Sie bitte im Folgenden an, an welchen der folgenden Krankheiten Sie derzeit leiden oder früher einmal gelitten haben. Geben Sie außerdem an, ob Sie für diese Krankheiten während der letzten sechs Monate Medikamente eingenommen haben|

Krankheiten	früher	jetzt	
a) Arthritis/Arthrose	O	O	r
b) Asthma oder Bronchitis	O	O	r
c) Krebs	O	O	r
d) Hepatitis/Chronische Leberkrankheit	O	O	r
e) Chronischer Migränekopfschmerz	O	O	r
f) Diabetes	O	O	r
g) Emphysem	O	O	r
h) Enzephalitis oder Meningitis	O	O	r
i) Epilepsie	O	O	r
j) Herzanfall oder Bypass-OP	O	O	r
k) Herzprobleme	O	O	r
l) Bluthochdruck	O	O	r
m) Nieren-/Gallenkrankheiten	O	O	r
n) Leukämie	O	O	r
o) Multiple Sklerose	O	O	r
p) Parkinson-Syndrom	O	O	r
q) Lungenentzündung	O	O	r
r) Rheumatische Arthritis u.ä.	O	O	r
s) Magengeschwür	O	O	r
t) Schlaganfall	O	O	r
u) Gicht/Harnsäure	O	O	r

v) Schilddrüsenerkrankung	O	O	r
w) Übergewicht/Fettleibigkeit	O	O	r
x) Wirbelsäulenprobleme	O	O	r
y) Depression/Angsterkrankung	O	O	r
z) Essstörung	O	O	r
Andere bedeutsame Krankheit: _____	O	O	r

Umpolung auf positive Bewertung:

Anzahl der Krankheiten	alter Wert	neuer Wert
	0	3
	1-2	2
	> 2	1

→ neue Variable heißt: *gesund, bzw. z-gesund*

8.8 Faktorenanalyse

8.8.1 Lebensqualität

Erklärte Gesamtvarianz

Komponente	Anfängliche Eigenwerte			Extrahierte Summen von quadrierten Ladungen			Rotierte Summen von quadrierten Ladungen		
	Gesamtsumme	% der Varianz	Kumulativ %	Gesamtsumme	% der Varianz	Kumulativ %	Gesamtsumme	% der Varianz	Kumulativ %
1	1,872	26,739	26,739	1,872	26,739	26,739	1,754	25,055	25,055
2	1,529	21,849	48,588	1,529	21,849	48,588	1,522	21,746	46,802
3	1,337	19,096	67,684	1,337	19,096	67,684	1,462	20,883	67,684
4	,775	11,078	78,763						
5	,659	9,409	88,172						
6	,498	7,113	95,285						
7	,330	4,715	100,000						

Extraktionsmethode: Analyse der Hauptkomponente.

Rotierte Komponentenmatrix[a]

	Komponente		
	1	2	3
z-gesund	,733		
z-Motorik	,676		,436
z-physical	,841		
z-fluid			,773
z-kristallin			,791
z-Emotion pos		,865	
z-Lebenszufr		,867	

Extraktionsmethode: Analyse der Hauptkomponente.

Rotationsmethode: Varimax mit Kaiser-Normalisierung.

a. Rotation konvergierte in 5 Iterationen.

8.8.2 Leistungsfähigkeit

Erklärte Gesamtvarianz

Kompo-nente	Anfängliche Eigenwerte			Extrahierte Summen von qua-drierten Ladungen			Rotierte Summen von quadrierten Ladungen		
	Gesamt-summe	% der Varianz	Kumula-tiv %	Gesamt-summe	% der Varianz	Kumula-tiv %	Gesamt-summe	% der Varianz	Kumula-tiv %
1	1,825	36,503	36,503	1,825	36,503	36,503	1,751	35,029	35,029
2	1,388	27,755	64,259	1,388	27,755	64,259	1,461	29,229	64,259
3	,733	14,665	78,924						
4	,642	12,837	91,761						
5	,412	8,239	100,000						

Extraktionsmethode: Analyse der Hauptkomponente.

Rotierte Komponentenmatrix[a]

	Komponente	
	1	2
z-gesund	,732	
z-Motorik	,687	,432
z-physical	,836	
z-fluid		,769
z-kristallin		,797

Extraktionsmethode: Analyse der Hauptkomponente.
Rotationsmethode: Varimax mit Kaiser-
Normalisierung.
a. Rotation konvergierte in 3 Iterationen.

8.9 Hypothesen und Korrelationen

8.9.1 statistische Hypothesen

Tabelle 8.1: Hypothesen der manifesten Variablen

Arbeitshypothesen	statistische Hypothesen (H_0)
H1. das eigene Bild vom Alter wird nicht von den tatsächlichen motorischen Fähigkeiten geprägt.	H1. Es gibt keinen positiven Zusammenhang zwischen den motorischen Fähigkeiten und dem Altersbild
H2. das eigene Bild vom Alter wird nicht von den tatsächlichen kognitiven Fähigkeiten geprägt.	H2. Es gibt keinen positiven Zusammenhang zwischen den kognitiven Fähigkeiten und dem Altersbild.
H3. Offenheit und Extraversion lassen das Altersbild positiv steigen.	H3. Hohe Werte in Offenheit und Extraversion gehen nicht mit hohen Werten beim Altersbild einher.
H4. Frauen, die gute motorische Fähigkeiten haben, sind besser in kognitiven Fähigkeiten, die mit der fluiden Intelligenz zusammenhängen	H4. Hohe Motorik-Werte gehen nicht mit hohen Werten in der fluiden Komponente der Kognition einher.
H5. Frauen, die eine gute Motorik haben, sind nicht besser in kognitiven Fähigkeiten, die mit der kristallinen Intelligenz zusammenhängen.	H5. die kristalline Intelligenz zeigt keinen Zusammenhang mit den Motorik-Werten.
H6. je gesünder eine Frau ist, desto mehr steigt ihr Gefühl der Lebenszufriedenheit.	H6. Gesundheit korreliert nicht mit der Lebenszufriedenheit.

8.9.2 Korrelationen/Hypothesentestung

bivariate Korrelationen der manifesten Variablen nach Pearson

	1	2	3	4	5	6	7	8	9	10
1. z-gesund	1	.305**	,007	.154	.213*	.400**	.053	-.165	.035	.113
2. z-Altersbild		1	,442**	,481**	,214*	,210*	,135	-,072	,187	.240*
3. z-Lebnszufr			1	,510**	.095	-,017	-,017	-,071	.005	.026
4. z-Emotion				1	-,018	,109	,089	-,061	,141	.156
5. z-Motorik					1	,487**	,301**	,132	-,007	.071
6. z-physical						1	,050	-,005	,160	.122
7. z-fluid							1	,324**	-,061	.058
8. z-kristallin								1	,061	.160
9. z-Extravers									1	.365**
10. z-Offenheit										1

**. Die Korrelation ist auf dem Niveau von 0,01 (2-seitig) signifikant.
*. Die Korrelation ist auf dem Niveau von 0,05 (2-seitig) signifikant.

Tabelle 8.2: Ergebnis Hypothesentestung manifeste Variablen

Ho wird **abgelehnt**	H1.Es gibt keinen positiven Zusammenhang zwischen den motorischen Fähigkeiten und dem Altersbild • Es gibt einen Zusammenhang zwischen Motorik und Altersbild.
Ho wird **angenommen**	H2. Es gibt keinen positiven Zusammenhang zwischen den kognitiven Fähigkeiten und dem Altersbild. • das eigene Bild vom Alter wird nicht von den tatsächlichen kognitiven Fähigkeiten geprägt.
Ho wird **abgelehnt**	H3. Hohe Werte in Offenheit und Extraversion gehen nicht mit hohen Werten beim Altersbild einher. • Hohe Werte in der Persönlichkeit gehen mit hohen Werten im Altersbild einher, insbesondere das Persönlichkeitsmerkmal Offenheit.
Ho wird **abgelehnt**	H4.Hohe Motorik-Werte gehen nicht mit hohen Werten in der fluiden Komponente der Kognition einher. • Frauen, die gute motorische Fähigkeiten haben, sind besser in kognitiven Fähigkeiten, die mit der fluiden Intelligenz zusammenhängen.
Ho wird **angenommen**	H5. die kristalline Intelligenz zeigt keinen Zusammenhang mit den Motorik-Werten. • Frauen, die eine gute Motorik haben, sind nicht besser in kognitiven Fähigkeiten,die mit der kristallinen Intelligenz zusammenhängen.
Ho wird **angenommen**	H6. Gesundheit korreliert nicht mit der Lebenszufriedenheit. • Es gibt keinen Zusammenhang zwischen der Gesundheit und der Lebenszufriedenheit.

8.10 Modell 1

8.10.1 Notes of Model

Notes for Model (Default model)

Computation of degrees of freedom (Default model)

Number of distinct sample moments:	45
Number of distinct parameters to be estimated:	24
Degrees of freedom (45 - 24):	21

Result (Default model)

Minimum was achieved
Chi-square = 33,208
Degrees of freedom = 21
Probability level = ,044

8.10.2 Modification Indices

Modification Indices (Group number 1 - Default model)

Covariances: (Group number 1 - Default model)

	M.I.	Par Change
e9 <--> e10	7,581	,272

Variances: (Group number 1 - Default model)

	M.I.	Par Change

Regression Weights: (Group number 1 - Default model)

			M.I.	Par Change
ZZkristallin_1	<---	ZZfluid_1	9,485	,325
ZZfluid_1	<---	ZZkristallin_1	7,581	,275

8.10.3 Model Fit Summary

Model Fit Summary

CMIN

Model	NPAR	CMIN	DF	P	CMIN/DF
Default model	24	33,208	21	,044	1,581
Saturated model	45	,000	0		
Independence model	9	168,971	36	,000	4,694

RMR, GFI

Model	RMR	GFI	AGFI	PGFI
Default model	,071	,930	,849	,434
Saturated model	,000	1,000		
Independence model	,193	,688	,610	,550

Baseline Comparisons

Model	NFI Delta1	RFI rho1	IFI Delta2	TLI rho2	CFI
Default model	,803	,663	,917	,843	,908
Saturated model	1,000		1,000		1,000
Independence model	,000	,000	,000	,000	,000

Parsimony-Adjusted Measures

Model	PRATIO	PNFI	PCFI
Default model	,583	,469	,530
Saturated model	,000	,000	,000
Independence model	1,000	,000	,000

NCP

Model	NCP	LO 90	HI 90
Default model	12,208	,346	31,968
Saturated model	,000	,000	,000
Independence model	132,971	96,257	177,225

FMIN

Model	FMIN	F0	LO 90	HI 90
Default model	,369	,136	,004	,355
Saturated model	,000	,000	,000	,000
Independence model	1,877	1,477	1,070	1,969

RMSEA

Model	RMSEA	LO 90	HI 90	PCLOSE
Default model	,080	,014	,130	,164
Independence model	,203	,172	,234	,000

8.10.4 Estimates

Maximum Likelihood Estimates

Regression Weights: (Group number 1 - Default model)

			Estimate	S.E.	C.R.	P	Label
Zgesund_1	<---	objektiveAspekte	1,000				
Zmotorfit_1	<---	objektiveAspekte	1,217	,365	3,336	***	
Persönlichkeit	<---	subjektiveAspekte	,166	,072	2,316	,021	
Persönlichkeit	<---	objektiveAspekte	,231	,114	2,016	,044	
ZZphysical_1	<---	objektiveAspekte	2,093	,753	2,779	,005	
Zemotion_pos_1	<---	subjektiveAspekte	1,000				
Zlebenszufrie_mean_1	<---	subjektiveAspekte	,951	,211	4,499	***	
Zaltersbild_mean_1	<---	Zgesund_1	,198	,093	2,130	,033	
Zaltersbild_mean_1	<---	objektiveAspekte	,150	,249	,602	,547	
Zaltersbild_mean_1	<---	Persönlichkeit	,397	,239	1,659	,097	
ZZfluid_1	<---	objektiveAspekte	-,315	,314	-1,003	,316	
ZZkristallin_1	<---	objektiveAspekte	-,010	,261	-,037	,970	
ZZfluid_1	<---	Zmotorfit_1	,374	,125	2,992	,003	
Zaltersbild_mean_1	<---	subjektiveAspekte	,775	,191	4,054	***	

Standardized Regression Weights: (Group number 1 - Default model)

			Estimate
Zgesund_1	<---	objektiveAspekte	,437
Zmotorfit_1	<---	objektiveAspekte	,532
Persönlichkeit	<---	subjektiveAspekte	,298
Persönlichkeit	<---	objektiveAspekte	,247
ZZphysical_1	<---	objektiveAspekte	,914
Zemotion_pos_1	<---	subjektiveAspekte	,733
Zlebenszufrie_mean_1	<---	subjektiveAspekte	,696
Zaltersbild_mean_1	<---	Zgesund_1	,199
Zaltersbild_mean_1	<---	objektiveAspekte	,066
Zaltersbild_mean_1	<---	Persönlichkeit	,163
ZZfluid_1	<---	objektiveAspekte	-,137
ZZkristallin_1	<---	objektiveAspekte	-,004
ZZfluid_1	<---	Zmotorfit_1	,374
Zaltersbild_mean_1	<---	subjektiveAspekte	,572

Covariances: (Group number 1 - Default model)

	Estimate	S.E.	C.R.	P	Label
objektiveAspekte <--> subjektiveAspekte	,027	,045	,596	,551	

Correlations: (Group number 1 - Default model)

	Estimate
objektiveAspekte <--> subjektiveAspekte	,085

8.11 Modell 2

8.11.1 Notes of Model

Notes for Model (Default model)

Computation of degrees of freedom (Default model)

Number of distinct sample moments:	28
Number of distinct parameters to be estimated:	16
Degrees of freedom (28 - 16):	12

Result (Default model)

Minimum was achieved
Chi-square = 15,436
Degrees of freedom = 12
Probability level = ,218

8.11.2 Assessment of Normality

Assessment of normality (Group number 1)

Variable	min	max	skew	c.r.	kurtosis	c.r.
Zgesund_1	-1,471	1,571	,033	,130	-,663	-1,292
Persönlichkeit	-,694	,909	,153	,595	-,742	-1,445
Zlebenszufrie_mean_1	-2,726	1,558	-,858	-3,340	,221	,430
Zemotion_pos_1	-3,291	1,526	-1,096	-4,268	1,636	3,185
ZZphysical_1	-2,223	2,114	,042	,165	-,435	-,846
Zmotorfit_1	-2,554	2,025	-,236	-,920	-,197	-,383
Zaltersbild_mean_1	-2,137	2,019	-,060	-,235	-,719	-1,399
Multivariate					,657	,279

8.11.3 Model Fit Summary

Model Fit Summary

CMIN

Model	NPAR	CMIN	DF	P	CMIN/DF
Default model	16	15,436	12	,218	1,286
Saturated model	28	,000	0		
Independence model	7	137,124	21	,000	6,530

RMR, GFI

Model	RMR	GFI	AGFI	PGFI
Default model	,057	,955	,896	,409
Saturated model	,000	1,000		
Independence model	,223	,669	,558	,502

Baseline Comparisons

Model	NFI Delta1	RFI rho1	IFI Delta2	TLI rho2	CFI
Default model	,887	,803	,973	,948	,970
Saturated model	1,000		1,000		1,000
Independence model	,000	,000	,000	,000	,000

Parsimony-Adjusted Measures

Model	PRATIO	PNFI	PCFI
Default model	,571	,507	,555
Saturated model	,000	,000	,000
Independence model	1,000	,000	,000

NCP

Model	NCP	LO 90	HI 90
Default model	3,436	,000	17,753
Saturated model	,000	,000	,000
Independence model	116,124	82,785	156,962

FMIN

Model	FMIN	F0	LO 90	HI 90
Default model	,172	,038	,000	,197
Saturated model	,000	,000	,000	,000
Independence model	1,524	1,290	,920	1,744

RMSEA

Model	RMSEA	LO 90	HI 90	PCLOSE
Default model	,056	,000	,128	,400
Independence model	,248	,209	,288	,000

8.11.4 Estimates

Maximum Likelihood Estimates

Regression Weights: (Group number 1 - Default model)

			Estimate	S.E.	C.R.	P	Label
Zgesund_1	<---	objektiveAspekte	1,000				
Zmotorfit_1	<---	objektiveAspekte	1,212	,365	3,316	***	
ZZphysical_1	<---	objektiveAspekte	2,197	,849	2,587	,010	
Zemotion_pos_1	<---	subjektiveAspekte	1,000				
Zlebenszufrie_mean_1	<---	subjektiveAspekte	,930	,200	4,640	***	
Zaltersbild_mean_1	<---	Zgesund_1	,251	,083	3,012	,003	
Persönlichkeit	<---	subjektiveAspekte	,211	,070	3,022	,003	
Persönlichkeit	<---	objektiveAspekte	,223	,111	2,011	,044	
Zaltersbild_mean_1	<---	subjektiveAspekte	,912	,195	4,673	***	

Standardized Regression Weights: (Group number 1 - Default model)

			Estimate
Zgesund_1	<---	objektiveAspekte	,427
Zmotorfit_1	<---	objektiveAspekte	,518
ZZphysical_1	<---	objektiveAspekte	,938
Zemotion_pos_1	<---	subjektiveAspekte	,720
Zlebenszufrie_mean_1	<---	subjektiveAspekte	,669
Zaltersbild_mean_1	<---	Zgesund_1	,254
Persönlichkeit	<---	subjektiveAspekte	,375
Persönlichkeit	<---	objektiveAspekte	,235
Zaltersbild_mean_1	<---	subjektiveAspekte	,665

Variances: (Group number 1 - Default model)

	Estimate	S.E.	C.R.	P	Label
objektiveAspekte	,180	,103	1,744	,081	
subjektiveAspekte	,512	,159	3,214	,001	
e1	,809	,134	6,023	***	
e8	,474	,106	4,493	***	
e2	,724	,138	5,259	***	
e3	,118	,279	,423	,672	
e5	,477	,117	4,064	***	
e6	,546	,116	4,721	***	
e7	,130	,021	6,211	***	